문학과지성 시인선 301

새와 나무와 새똥 그리고 돌멩이

오규원 시집

문학과지성사

문학과지성사에서 펴낸 오규원의 시집

왕자가 아닌 한 아이에게(1978; 개정판 1995)
이 땅에 씌어지는 抒情詩(1981)
가끔은 주목받는 生이고 싶다(1987; 개정판 1994)
사랑의 감옥(1991)
길, 골목, 호텔 그리고 강물소리(1995)
한 잎의 여자(1998, 시선집)
토마토는 붉다 아니 달콤하다(1999)
오규원 시전집 1·2(2002)
나무 속의 자동차(2008, 동시집)
두두(2008)
분명한 사건(2017, 시인선 R)

문학과지성 시인선 301
새와 나무와 새똥 그리고 돌멩이

초판 1쇄 발행 2005년 6월 30일
초판 8쇄 발행 2023년 8월 21일

지 은 이 오규원
펴 낸 이 이광호
펴 낸 곳 ㈜문학과지성사
등록번호 제1993-000098호
주   소 04034 서울 마포구 잔다리로7길 18(서교동 377-20)
전   화 02)338-7224
팩   스 02)323-4180(편집) 02)338-7221(영업)
전자우편 moonji@moonji.com
홈페이지 www.moonji.com

ⓒ 오규원, 2005. Printed in Seoul, Korea

ISBN 89-320-1609-7 03810

이 책의 판권은 지은이와 ㈜문학과지성사에 있습니다.
양측의 서면 동의 없는 무단 전재 및 복제를 금합니다.

문학과지성 시인선 301
새와 나무와 새똥 그리고 돌멩이

오규원

2005

시인의 말

시집을 낸다.

6년만이다.

새와 나무와 새똥 그리고 돌멩이,
이런 물물(物物)과 나란히 앉고 또 나란히 서서
한 시절을 보낸 인간인 나의 기록이다.

2005년 봄 서후에서
오규원

새와 나무와 새똥 그리고 돌멩이

차례

시인의 말

나무와 돌
호수와 나무　9
나무와 돌　10
양철 지붕과 봄비　11
허공과 구멍　12
하늘과 침묵　15
골목과 아이　16
사진과 나　17
그림과 나 1　18
그림과 나 2　20
그림과 나 3　21

강과 나
하늘과 두께　25
몸과 다리　26
아이와 망초　27
그림자와 나무　28
숲과 새　29

해와 미루나무 30
강과 둑 32
강과 나 33
둑과 나 34
강변과 모래 36
강과 강물 38
강과 사내 39
지붕과 벽 40
집과 허공 41
거리와 사내 42
길과 아이들 43
도로와 하늘 44

뜰과 귀

유리창과 빗방울 47
아침과 바람 48
꽃과 그림자 49
풀과 돌멩이 50
그림자와 길 51
나무와 잎 52
하늘과 포도 덩굴 54
서산과 해 55
9월과 뜰 56
국화와 벌 57
나무와 나무들 58

뜰과 귀　59
새와 나무　60
발자국과 깊이　61
새와 낮달　62
돌멩이와 편지　63

사람과 집

편지지와 편지봉투　67
사람과 집　68
봄밤과 악수　70
타일과 달빛　72
서후와 길　74
접시와 오후　75
눈송이와 전화　76
집과 주소　77
모자와 겨울　79
사진과 명자나무　80
집과 소식　81

해설 | '어느새'와 '다시' 사이,
존재의 원환적 이행을 위한·정과리　83

나무와 돌

호수와 나무
── 서시

잔물결 일으키는 고기를 낚아채 어망에 넣고
호수가 다시 호수가 되도록 기다리는
한 사내가 물가에 앉아 있다
그 옆에서 높이로 서 있던 나무가
어느새 물속에 와서 깊이로 다시 서 있다

나무와 돌

나무가 몸 안으로 집어넣는 그림자가
아직도 한 자는 더 남은 겨울 대낮
나무의 가지는 가지만으로 환하고
잎으로 붙어 있던 곤줄박이가 다시
곤줄박이로 떠난 다음
한쪽 구석에서 몸이 마른 돌 하나를 굴려
뜰은 중심을 잡고 그 위에
햇볕은 흠 없이 깔린다

양철 지붕과 봄비

 붉은 양철 지붕의 반쯤 빠진 못과 반쯤 빠질 작정을 하고 있는 못 사이 이미 벌겋게 녹슨 자리와 벌써 벌겋게 녹슬 준비를 하고 있는 자리 사이 퍼질러진 새똥과 뭉개진 새똥 사이 아침부터 지금까지 또닥 또닥 소리를 내고 있는 봄비와 또닥 또닥 소리를 내지 않고 있는 봄비 사이

허공과 구멍

　나무가 있으면 허공은 나무가 됩니다
　나무에 새가 와 앉으면 허공은 새가 앉은 나무가 됩니다
　새가 날아가면 새가 앉았던 가지만 흔들리는 나무가 됩니다
　새가 혼자 날면 허공은 새가 됩니다 새의 속도가 됩니다
　새가 지붕에 앉으면 새의 속도의 끝이 됩니다 허공은 새가 앉은 지붕이 됩니다
　지붕 밑의 거미가 됩니다 거미줄에 날개 한 쪽만 남은 잠자리가 됩니다
　지붕 밑에 창이 있으면 허공은 창이 있는 집이 됩니다
　방 안에 침대가 있으면 허공은 침대가 됩니다
　침대 위에 남녀가 껴안고 있으면 껴안고 있는 남녀의 입술이 되고 가슴이 되고 사타구니가 됩니다
　여자의 발가락이 되고 발톱이 되고 남자의 발바닥이 됩니다
　삐걱이는 침대를 이탈한 나사못이 되고 침대 바퀴에

깔린 꼬불꼬불한 음모가 됩니다

  침대 위의 벽에 시계가 있으면 시계가 되고 멈춘 시계의 시간이 되기도 합니다

  사람이 죽으면 허공은 사람이 되지 않고 시체가 됩니다

  시체가 되어 들어갈 관이 되고 뚜껑이 꽝 닫히는 소리가 되고 땅속이 되고 땅속에 묻혀서는 봉분이 됩니다

  인부들이 일손을 털고 돌아가면 허공은 돌아가는 인부가 되어 뿔뿔이 흩어집니다

  상주가 봉분을 떠나면 묘지를 떠나는 상주가 됩니다

  흩어져 있는 담배꽁초와 페트병과 신문지와 누구의 주머니에서 잘못 나온

  구겨진 천 원짜리와 부서진 각목과 함께 비로소 혼자만의 오롯한 봉분이 됩니다

  얼마 후 새로 생긴 봉분 앞에서 집으로 돌아가는 길이 달라져 잠시 놀라는 뱀이 됩니다

  뱀이 두리번거리며 봉분을 돌아서 돌 틈의 어두운 구멍 속으로 사라지면 허공은 어두운 구멍이 됩니다

어두운 구멍 앞에서 발을 멈춘 빛이 됩니다
어두운 구멍을 가까운 나무 위에서 보고 있는 새가
됩니다

하늘과 침묵

온몸을 뜰의 허공에 아무렇게나 구겨 넣고
한 사내가 하늘의 침묵을 이마에 얹고 서 있다
침묵은 아무 곳에나 잘 얹힌다
침묵은 돌에도 잘 스민다
사내의 이마 위에서 그리고 이마 밑에서
침묵과 허공은 서로 잘 스며서 투명하다
그 위로 잠자리 몇 마리가 좌우로 물살을 나누며
사내 앞까지 와서는 급하게 우회전해 나아간다
그래도 침묵은 좌우로 갈라지지 않고
잎에 닿으면 잎이 되고
가지에 닿으면 가지가 된다
사내는 몸속에 있던 그림자를 밖으로 꺼내
뜰 위에 놓고 말이 없다
그림자에 덮인 침묵은 어둑하게 누워 있고
허공은 사내의 등에서 가파르다

골목과 아이

　급작스레 비가 왔다 양철 지붕 위에 찌그러져 얹혀 있던 해는 어느새 뭉개지고 잠자리 몇몇이 비행 고도를 한번 높였다가 낮추고 다시 높였다가 낮추더니 훌쩍 담을 넘었다 여자 아이 하나는 급히 나무 밑동에 쪼그리고 남자 아이 하나는 나무에 기대어 섰다 골목 끝에서 울며 솟구친 매미 한 마리가 허공에서 다시 솟구치고 나뭇잎들은 일제히 수평을 유지하려고 빗줄기에게 부딪쳐 갔다 다름없이 그곳에 있는 것은 빗줄기를 꼿꼿하게 세우고 있는 허공이다 비가 오자 지붕은 더 미끄럽고 담장은 보다 두터워졌다 어느새 남자 아이도 쪼그리고 앉아 한 나무에서 다른 나무로 가는 길과 한 나무에서 문이 닫혀 있는 집으로 가는 길과 닫혀 있는 집에서 다시 나무로 돌아오는 길과 그 길에서 새가 떠난 새집으로 가는 길에 떨어지고 있는 비를 함께 보고 있다

사진과 나

나는 갠지스 강의 물에 발을 담그고 앉아
아이를 기다리며 졸았다 강에서는 가끔 시체가
떠내려가기도 하고 죽은 아이를
산 여자가 안고 가기도 하고 산 남자가
산 여자를 안고 가기도 하고
시체를 태우다 남은 나무토막들이 떠내려와
사람의 등을 두드리기도 했다
시체 두 구는 내 발에 걸려 나와 함께
머물기도 했다 부리가 빨간 새 한 마리는
시체 위에 앉아 앞가슴을 다듬었고
언덕에서는 둥근 태양이 올라앉은 집의
지붕이 털썩 주저앉아 있었다

그림과 나 1

  이도준의 밭에서 서기범의 밭에서 유한수와 김진채와 도건석과 민병성의 밭에서 정준과 이기범과 조충선의 논에서 김기출의 논에서 홍영식과 박진식과 고대균과 양건철과 오문수와 조한준과 모대성과 송평길과 진건규와 이대호와 최봉수와 장상곤과 김철과 박숙자의 논에서 문규식과 조문준의 밭에서 서기호와 박건호와 배요섭과 엄기출과 이경진과 안영학과 윤주의 밭에서 신철희의 비닐하우스에서 송광배와 정태화의 비닐하우스에서 한현봉과 천만심과 조한준과 문관수와 박준양과 한수와 허차복과 지명숙과 하병순과 이금석의 밭에서 김덕과 석진태와 여원구와 유만숙과 오세길의 논에서 이기범과 차순식과 주이성과 전부옥과 하태천의 논에서 전제관과 박산옥과 홍옥기와 이남춘과 최월의 밭에서 변규성과 유동로와 강종연의 과수원에서 지학철의 과수원에서 길근표의 원두막에서

  일렁이는

일렁이는 공기
너머

산을 하나 그렸다

그림과 나 2

허공에 크고 붉은 해를 하나 그렸습니다
해 바로 아래 작은 산 하나를 매달아 그렸습니다
해와 산은 캔버스에 바짝 붙어 있습니다
산 귀퉁이에는 집을 하나 반쯤 숨겨 그렸습니다
나는 그 집에 들어가 창을 드르륵 엽니다
지나가던 새 한 마리가
집에 눌려 손톱만하게 된 나를
빤히 쳐다보다 갑니다

그림과 나 3

천지간에 큼직한
나무 한 그루를 그립니다

줄기는 오로지 하나만 있고
몸은 둥글게 부풀어
몸이 온전히 나무로 꽉 찬 나무입니다

나무 아래에는 좌우에
달과 해를 하나씩 나누어 그려 넣고

달 밑에는 기와집을 두고
해 밑에는 양철집을 두고

나무 곁에 서서 하늘을 보니
하늘은 여전히 나무 위에 앉아 있습니다

나는 나무 위에 하늘 대신
붉은 지붕과 붉은 벽

검푸른 지붕과 흰 벽이 서로 붙은
집을 한 무더기 그려 넣습니다

강과 나

하늘과 두께

투명한 햇살 창창 떨어지는 봄날
새 한 마리 햇살에 찔리며 붉나무에 앉아 있더니
허공을 힘차게 위로 위로 솟구치더니
하늘을 열고 들어가
뚫고 들어가
그곳에서
파랗게 하늘이 되었습니다
오늘 생긴
하늘의 또 다른 두께가 되었습니다

몸과 다리

길이 다시 길로 구부러지고
새가 두 다리를 숨기고 땅 위로 날아오르고
메꽃이 메꽃을 들고 산기슭을 기고
개미 한 마리가 개미의 다리로 길을 건너가고

그때 길 밖에서는
돌멩이 하나가 온몸으로 지구를 한 번 굴렸습니다

아이와 망초

길을 가던 아이가 허리를 굽혀
돌 하나를 집어 들었다
돌이 사라진 자리는 젖고
돌 없이 어두워졌다
아이는 한 손으로 돌을 허공으로
던졌다 받았다를 몇 번
반복했다 그때마다 날개를
몸속에 넣은 돌이 허공으로 날아올랐다
허공은 돌이 지나갔다는 사실을
스스로 지웠다
아이의 손에 멈춘 돌은
잠시 혼자 빛났다
아이가 몇 걸음 가다
돌을 길가에 버렸다
돌은 길가의 망초 옆에
발을 몸속에 넣고
멈추어 섰다

그림자와 나무

 한 아이가 가고 두 그루 나무가 그림자를 길의 절반까지 풀었다 다른 한 여자 아이가 두 그루 나무 밑에 그림자를 밟아야 하는 길로 오고 그 아이 발밑에서도 그림자는 풀려서 편편하고 부드럽다 여자 아이는 두 그루 나무를 번갈아가며 쳐다보다가 나무를 하나씩 차례로 끌어안고 빙그르 돌았다 두 팔과 두 다리를 벌려 나무를 감고 빙그르 돌면서 허공을 쳐다보며 아, 아, 아, 했다 허공으로 가는 길에 사방으로 뻗고 있는 나뭇가지에 아, 아, 아, 하고 소리가 걸렸다 집집의 대문은 잠겨 있고 담장은 튼튼하고 담장 안쪽의 뜰은 골목보다 깊었다 새가 떠난 새집은 그림자를 가지에 걸쳐 놓고 가지 사이에 혼자 얹혀서도 둥글고 길은 여전히 편편하다

숲과 새

떡갈나무 하나가
떡갈나무로 서서

잎과 줄기를
잎의 자리와 줄기의 자리에
모두 올려놓았다

그 자리와 자리 사이로
올 때도 혼자이더니
갈 때도 혼자인

어치가

날다가
갈참나무가 되었다

해와 미루나무

언덕 위에 미루나무 네 그루가 하늘을 지우고 서 있습니다

첫번째 미루나무는 두번째 미루나무보다 키가 작습니다

두번째 미루나무는 세번째 미루나무와 키가 같습니다

세번째 미루나무는 네번째 미루나무와 키가 같습니다

네번째 미루나무는 첫번째 미루나무보다 키가 큽니다

세번째 미루나무는 까치가 앉아 있는 두번째 쪽으로 몸이 기울었습니다

두번째 미루나무는 까치가 없는 첫번째 쪽으로 몸이 기울었습니다

첫번째 미루나무는 보이지 않는 언덕의 밑으로 몸이 기울었습니다

두번째와 세번째 쪽으로 몸이 기운 네번째 미루나무를 향해

몸이 기울지 않은 한 아이가 뛰어가고 있습니다
　네번째 미루나무 다음에는 강아지 한 마리가 다섯번째로 서 있습니다

　저 하늘에 있는 해가 구름을 자주 바꾸고 있습니다

강과 둑

　강과 둑 사이 강의 물과 둑의 길 사이 강의 물과 강의 물소리 사이 그림자를 내려놓고 있는 미루나무와 미루나무의 그림자를 붙이고 있는 둑 사이 미루나무에 붙어서 강으로 가는 길을 보고 있는 한 사내와 강물을 지그시 밟고서 강 건너의 길을 보고 있는 망아지 사이 망아지와 낭미초 사이 낭미초와 들찔레 사이 들찔레 위의 허공과 물 위의 허공 사이 그림자가 먼저 가 있는 강 건너를 향해 퍼득퍼득 날고 있는 새 두 마리와 허덕허덕 강을 건너오는 나비 한 마리 사이

강과 나

　강과 나 사이 강의 물과 내 몸의 물 사이 멈추지 못하는 강의 물과 흐르지 못하는 강의 둑 사이 내가 접히는 바람과 내가 풀리는 강물 소리 사이 돌과 풀 사이 풀과 흙 사이 강을 향해 구불거리는 길과 나를 향해 구불거리는 길 사이 온몸으로 지상에 일어서는 돌과 지하로 내려서는 돌 사이 돌 위의 새와 새 위의 강변 사이 물이 물에 기대고 있는 강물과 풀이 풀을 붙잡고 있는 둑 사이 내 그림자는 눕혀놓고 나만 서 있는 길과 갈대를 불러 모아 흔들리는 강 사이

둑과 나

   길은 바닥에 달라붙어야 몸이 열립니다
   나는 바닥에서 몸을 세워야 앞이 열립니다
   강둑의 길도 둑의 바닥에 달라붙어 들찔레 밑을 지나 메꽃을 등에 붙이고
   엉겅퀴 옆을 돌아 몸 하나를 열고 있습니다
   땅에 아예 뿌리를 박고 서 있는 미루나무는 단단합니다
   뿌리가 없는 나는 몸을 미루나무에 기대고
   뿌리가 없어 위험하고 비틀거리는 길을 열고 있습니다 엉겅퀴로 가서
   엉겅퀴로 서 있다가 흔들리다가
   기어야 길이 열리는 메꽃 곁에 누워 기지 않고 메꽃에서 깨꽃으로 가는
   나비가 되어 허덕허덕 허공을 덮칩니다
   허공에는 가로수는 없지만 길은 많습니다 그 길 하나를
   혼자 따라가다 나는 새의 그림자에 밀려 산등성이에 가서 떨어집니다

산등성이 한쪽에 평지가 다 된 봉분까지 찾아온 망초 곁에 퍼질러 앉아
　여기까지 온 길을 망초에게 묻습니다
　그렇게 묻는 나와 망초 사이로 메뚜기가 뛰고
　어느새 둑의 나는 미루나무의 그늘이 되어 어둑어둑합니다

강변과 모래

강변 모래사장에 아이 넷 있습니다
모두 발가벗었습니다

그 아이 하나 지금 모래사장에 쪼그리고 앉아
지평선에 턱을 괴고 있습니다

그 아이 하나 지금 허리를 구부려
다리 사이에 머리를 거꾸로 넣고 하늘에게
악, 악, 악 하고 있습니다

그 아이 하나 지금 털썩 주저앉아
다리를 벌리고
남근을 넣고 봉분을 쌓고 있습니다

그 아이 하나 지금 길게 누워
두 발을 들어올리고
하늘의 페달을 빙글빙글 돌리고 있습니다

시간이 오후 3시를 지나가고 있습니다

강과 강물

강에는 강물이 흐르고 하늘은
제 몸에 붙어 있던 새들을 모두 떼어내고
다시 온전히 하늘로 돌아와 있고
둑에는 풀들이 몸을 말리며
자기에게로 돌아가고 있다
강가에서는 흐르지 않고 한 여자가 서서
안고 있는 아이에게 한쪽 젖을 맡기고
강이 만든 길을 더듬고 있다
아이는 한 손으로 젖을 움켜쥐고
넓은 들에서 하늘로 무너지는
강을 본다
강에는 강물이 흐르고
물속에서 날개가 젖지 않는
새 그림자가 강을 건너가고 있다

강과 사내

묵묵히 강을 따라가는 길에 서서 한 사내

끝을 지우는 길 하나를 보고 있다

끝을 숨기는 길 하나를 보고 있다

끝을 몸 안으로 말아 넣는 길 하나를 보고 있다

끝을 몸 안으로 말아 넣은 길 하나가

몸을 저녁 밑자락에 묻는 것을 보고 있다

지붕과 벽

어두워지자 골목의 구석에서는 가랑잎을 뒤적이던 바람이 가랑잎 밑에서 잠들었다
몇 개의 가등이 사라지는 길을 다시 불러내고
어둠은 가등을 둘러싸고 자신을 태워 불빛을 지켰다
달이 뜨자 지붕과 벽과 나무의 가지와 남은 잎들이
제 몸속에 있던 달빛을 몸 밖으로 내놓았다
달은 조금씩 다른 자기의 빛들에 환하게 와 닿았다
몸속의 달빛이라 기울어진 지붕에서도 달빛은
한 방울도 밑으로 떨어지지 않았다
달빛을 파면서 밤새 한 마리가 세상을 구십 도로 눕혀 보여주더니
다시 가볍게 제자리로 돌려놓고 가버렸다
잎들 가운데 몇몇은 벽 앞으로 떨어지며
벽이 몸 안에 숨기고 있는 균열을 몸짓으로 그려 보였다
잎이 지나간 뒤 벽은 그러나 달빛만 가득했다

집과 허공

한 사람이 왼쪽으로 고개를 돌리고 서 있었다
지나가던 한 사람이 왼쪽을 보고 있는
사람을 따라 왼쪽으로 고개를 돌리고 서 있었다
몇 사람은 그냥 지나가고
몇 사람은 그냥 지나가지 못한 왼쪽으로
고개를 돌리고 서 있었다
강이 왼쪽 구석에서 출렁했다
왼쪽으로 고개를 돌린 사람들이 있는 허공에는
문이 닫힌 집이 몇 채 그들끼리 있었다

거리와 사내

한 사내가 앞서 가는 그림자를 발에 묶으며
호프집 앞을 무심하게 지나가고 있다
세 사내가 묵묵히 남의 그림자를 길로 밟으며
호프집 앞을 지나가고 있다
길 건너편의 플라타너스 잎 하나가
지나가고 있는 한 사내의 발 앞까지 와서 굴렀다
한 아이가 우와하하 하며
앞만 보고 뛰어갔다

길과 아이들

 묵묵히 길가에 서서, 아득한 길의 밑을 보고 있는 한 사내아이의 뽀얀 이마와, 그 곁에서 한 사내아이를 물끄러미 바라보고 있는 한 계집아이의 까만 눈과, 한 계집아이의 어깨에 손을 얹고 있는 또 다른 한 계집아이의 반쯤 가려진 귀와, 세 아이의 길을 가로막고 서서 길 저쪽을 멍하니 보고 있는 또 다른 한 사내아이의 각이 무너진 턱과, 그 사내아이의 들린 왼손 밑의 들린 겨드랑이와, 엉거주춤 벌어진 한 사내아이의 사타구니와, 한 계집아이의 볼록한 블라우스와, 또 다른 한 계집아이의 반쯤 들린 스커트

 밑으로
 동서 혹은 남북

도로와 하늘

도로 하나가 해 뜨는 쪽에서
해 지는 쪽으로 질주하고 있습니다
아니면 해 지는 쪽에서 해 뜨는 쪽으로
질주하고 있습니다
도로의 양쪽에는 가로수들이 함께 달리며
한 구역씩 맡아 하늘을 들어올리고 있습니다
바람이 어디로 가고 사람도 어디로 가고
도로에는 지금 질주하는 도로만 가득합니다

뜰과 귀

유리창과 빗방울

빗방울 하나가 유리창에 척 달라붙었습니다

순간 유리창에 잔뜩 붙어 있던 적막이 한꺼번에 후두둑 떨어졌습니다

빗방울이 이번에는 둘 셋 넷 그리고 다섯 여섯 이렇게 와자하게 달라붙었습니다

한동안 빗방울은 그러고는 소식이 없었습니다

유리창에는 빗방울 위에까지 다시 적막이 잔뜩 달라붙었습니다

유리창은 그러나 여전히 하얗게 반짝였습니다

빗방울 하나가 다시 적막을 한 군데 뜯어내고 유리창에 척 달라붙었습니다

아침과 바람

바람이 잠깐 집에 들렀다
갔습니다 아침 9시가
조금 지난 시간이었습니다
라일락나무 밑은
그 시간 비어 있었습니다
박새 한 마리가 아침 7시에
방문하고 간 뒤였습니다
지금 10시가 살구나무의
몇 개 남지 않은 꽃을 피하며
지나가고 있습니다

꽃과 그림자

앞의 길이 바위에 막힌 붓꽃의
무리가 우우우 옆으로 시퍼렇게
번지고 있습니다
그러나 왼쪽에 핀 둘은
서로 붙들고 보랏빛입니다
그러나 가운데 무더기로 핀 아홉은
서로 엉켜 보랏빛입니다
그러나 오른쪽에 핀 하나와 다른 하나는
서로 거리를 두고 보랏빛입니다
그러나 때때로 붓꽃들이 그림자를
바위에 붙입니다
그러나 그림자는 바위에 붙지 않고
바람에 붙습니다

풀과 돌멩이

단풍나무 밑에 어제 없던 풀 하나 솟았습니다
불두나무 밑에 어제 없던 풀 둘 솟았습니다
목련나무 밑에 어제 있던 풀 둘 뽑았습니다
배롱나무 밑에 어제 없던 풀 하나 솟았습니다
라일락나무 밑에 어제 없던 돌 하나 뽑았습니다
조팝나무 밑에 어제 없던 풀 하나 뽑았습니다

날아가던 나비 한 마리는 허공이 뽑았습니다

그림자와 길

혼자 걸어서 갔다 왔다
명자나무가 숨겨놓은 꽃망울까지
지금은 내 발자국 위에서 꽃망울 그림자가
쉬고 있다
꽃망울 그림자가 꽃망울로 돌아가자면
아직 길이 많이 남아 있다

나무와 잎

 언덕에서 나무의 잎들이 서로를 보고 서로를 베끼고 바람은 앞서가는 바람을 따라 투명한 몸을 맞춘다 나무의 잎들이 보이는 책상 앞에 앉아 눈부신 백지를 펴놓고 쉬엄쉬엄 육조단경을 베낀다 善知識 我此法門 從上已來 先立無念爲宗 無相爲體 無住爲本 無相者 於相而離相 無念者 於念而不念 無住者 人之本性 於世間善惡好醜 乃至冤之與親 言語觸刺欺爭之時 並將爲空 不思酬害 念念之中 不思前境 若前念今念後念 念念相續不斷 名爲繫縛 於諸法上 念念不住 卽無縛也 此是以無住爲本 善知識 外離一切相 名爲無相 能離於相 卽法體淸淨 此是以無相爲體 善知識 전화벨이 문자 위로 쏟아진다 그래도 문자들은 밀리지 않는다 나는 예 예 하며 於諸境上 心不染曰無念 於自念上 그렇게 베긴다 常離諸境 不於境上生心 若百物不思 念盡除却 一念絶卽死 別處受生 學道者思之 나무는 모두 잎에 잠기고도 다시 뿌리에 잠겨 있다 쓰르라미가 산뽕나무에서 운다 莫쓰不이識오法意 쓰自錯이猶可오 更쓰勸이他오人 自迷쓰이오不見 동시에 적는다 한동안 쓰이오가 쌓이도록 자리를 비워둔다 쓰이오 쓰이오 쓰

이오 쓰이오…… 쓰스으 쓰르라미는 스스로를 비우고 문자는 이어진다 又謗佛經 所以立無念爲宗 善知識 云何 立無念爲宗 只緣口說見性 迷人於境上有念 念上便起邪見 一切塵勞妄想從此而生 自性本無一法可得 若有所得 妄說 禍福 卽是塵勞邪見 故此法門 立無念爲宗 善知識 無者無 何事 念者念何物 無者無二相 無諸塵勞之心 念者念眞如本 性 眞如卽是念之體 念卽是眞如之用 眞如自性起念 非眼耳 鼻舌能念 眞如有性 所以起念 삐이삐이 하고 쇠박새가 운다 나는 귀를 언덕으로 열고 쇠박새를 베낀다 삐이삐 이 쪼쪼삐이 쪼쪼삐이 쪼쪼 삐이삐이 쪼쪼삐이삐이 쪼 쪼삐이…… 쪼쪼삐이 쪼쪼…… 새소리는 언제나 무 심코 끝난다 眞如若無 眼耳色聲 當時卽壞 善知識 眞如 自性起念 六根雖有見聞覺知 不染萬境而眞性常自在 外能 分別諸色相 內於第一義而不動* 누가 문을 두드린다 나 는 문자들을 두고 사람을 만나러 간다 문밖에서는 나보 다 먼저 나비가 사람에게 가고 있다

* 육조단경 원문: 홍성사본

하늘과 포도 덩굴

뒤뜰 포도나무
덩굴
혼자
하늘을 건너가고 있다
오늘은 반 뼘

서산과 해

고욤나무가 해를 내려놓자
이번엔 모과나무가 받아든다
아주 가볍게 들고 서서 해를
서쪽으로 조금씩 아주 조금씩 옮긴다
가지를 서산 위에까지 보내놓고 있는
산단풍나무가 옆에서
마지막 차례를 기다리고 있다

9월과 뜰

8월이 담장 너머로 다 둘러메고
가지 못한 늦여름이
바글바글 끓고 있는 뜰 한켠
까자귀나무 검은 그림자가
퍽 엎질러져 있다
그곳에
지나가던 새 한 마리
자기 그림자를 묻어버리고
쉬고 있다

국화와 벌

오늘은 정말 가을이어서
국화의 봉오리들이 퍽퍽 벌어졌습니다
어제보다 두 배는 족히 될
벌들이 잉잉거렸습니다
구룡사에서는 반야경 독경 테이프를
다른 날보다 한참 늦게 틀었습니다
늦게 틀어놓은 반야경이지만 그 소리에 얹힌
붉나무 잎 몇몇은
우리 집까지 잘 도착했습니다

나무와 나무들

 뜰의 산벚나무 밑에서 뜰의 층층나무와 마가목 밑에서 홍매화와 황매화 밑에서 고욤과 살구 밑에서 모과 밑에서 자귀나무 밑에서 때죽나무 밑에서 석죽과 돌단풍 밑에서 고려영산홍과 배롱나무 밑에서 조팝나무 밑에서 불두화와 화살나무 밑에서 그들이 산다 이 지상에서

 가장 얇고
 납작한 나무들

뜰과 귀

 뜰의 때죽나무에 이미 와 있는 새와 지금 날아온 새 사이, 새가 있는 가지와 없는 가지 사이, 시든 잎이 있는 가지와 없는 가지 사이, 새가 날아간 순간과 날아갈 순간 사이, 몇 송이 눈이 비스듬히 날아 내린 순간과 멈춘 순간 사이, 지붕 위와 지붕 밑의 사이, 벽의 앞과 벽의 뒤 사이, 유리창의 안쪽과 바깥쪽 사이, 마른 잔디와 마른 잔디를 파고 앉은 돌멩이 사이, 파고 앉은 돌멩이와 들린 돌멩이 사이, 대문의 안쪽과 바깥쪽 사이, 울타리와 허공 사이,

 허공 한 구석
 강아지 왼쪽 귀와 오른쪽 귀 사이

새와 나무

어제 내린 눈이 어제에 있지 않고
오늘 위에 쌓여 있습니다
눈은 그래도 여전히 희고 부드럽고
개나리 울타리 근처에서 찍히는
새의 발자국에는 깊이가 생기고 있습니다
어제의 새들은 그러나 발자국만
오늘 위에 있고 몸은
어제 위의 눈에서 거닐고 있습니다
작은 돌들은 아직도 여기에
있었다거나 있다거나 하지 않고
나무들은 모두 눈을 뚫고 서서
잎 하나 없는 가지를 가지의 허공과
허공의 가지 사이에 집어넣고 있습니다

발자국과 깊이

어제는 펑펑 흰 눈이 내려 눈부셨고
오늘은 여전히 하얗게 쌓여 있어 눈부시다
뜰에서는 박새 한 마리가
자기가 찍은 발자국의 깊이를
보고 있다
깊이를 보고 있는 박새가
깊이보다 먼저 눈부시다
기다렸다는 듯이 저만치 앞서 가던
박새 한 마리 눈 위에 붙어 있는
자기의 그림자를 뜯어내어 몸에 붙이고
불쑥 날아오른다 그리고
허공 속으로 들어가 자신을 지워버린다
발자국 하나 찍히지 않은
허공이 눈부시다

새와 낮달

지난 겨울은 혹한이었습니다 뜰의 오늘은

죽은 모과나무의 가지에서 새들이 쉽니다
죽은 감나무의 가지에서 낮달이 떠오릅니다
죽은 배롱나무 밑에서 백합이 고개를 둡니다
죽은 포도나무 밑에서 작은 돌이 눈을 뜹니다

돌멩이와 편지

편지를 한 통 받았습니다
눈송이가 몇 날아온 뒤에 도착했습니다
편지지가 없는 편지입니다
편지봉투가 없는 편지입니다
언제 보냈는지 모르는 편지입니다
발신자도 없는 편지입니다
수신자도 없는 편지입니다
한 마리 새가 날아간 뒤에
한 통의 편지가 도착한 것을 알았습니다
돌멩이 하나 뜰에 있는 것을 본 순간
편지가 도착한 것을 알았습니다

사람과 집

편지지와 편지봉투

당신의 편지를 오후에 받았습니다
그래도 햇빛은 뜰에 담기고 많이 남아
밖으로 넘쳤습니다
내 손에서는 사각사각 소리가 났습니다
당신의 편지는 사각 봉투였습니다
사각 봉투 끝은 오후의 배경을 가리켰습니다
당신의 편지는 A4 용지였습니다
A4 용지는 단정하고 깍듯했습니다
A4 용지는 나의 그늘은 잘 담겼지만
바람은 담기지 않았습니다
그래도 두 겹으로 하얗게 접혀 있었습니다

사람과 집

　김종택의 집을 지나 이순식의 집과 정진수의 집을 지나 박일의 집 담을 지나 이말청의 집 담장과 심호대의 집 담장을 지나 박무남의 집 담벽과 송수걸의 집 담벽과 이한의 집 담벽을 지나 강수철의 집 벽과 천길순의 집 벽을 지나 박규수의 집 담벽을 지나 허인자의 집 벽을 지나 한오상의 집 벽과 최일중의 집 벽을 지나 권기덕의 집 벽과 장녹천의 집 벽과 최점선의 집 벽을 지나 이수인의 집 담벽과 이무제의 집 벽을 지나 조민강의 집 담을 지나 박방래의 집 담벽과 오재식의 집 담벽과 신영식의 집 담벽과 전태욱의 집 담벽을 지나 허면의 집 목책과 이종의 집 철책을 지나 김일수의 집 담과 윤난서의 집 담과 김실의 집 벽을 지나 김숙전의 벽과 박성식의 벽과 오재만의 벽과 안범의 벽과 홍숙자의 벽과 고석의 벽과 최수덕의 벽과 문정삼의 벽과 윤인행의 벽을 지나 김대수의 벽 우만식의 벽 이벌의 벽 강진국의 벽 방말자의 벽 조인만의 벽 김영덕의 벽 황규장의 벽 한수태의 벽 박상숙의 벽 오희상의 벽 원호영의 벽 이강본의 벽 전무연의 벽 김말영의 벽

권오항의 벽 남희선의 벽을 지나

봄밤과 악수

 문 앞에서 다른 문이 되어 웃고 서 있는 박만식과 악수를 하고 문 뒤에서 몸 반을 지워버린 이훈직과 악수를 하고 오른손을 번쩍 들어보이는 김종서와 악수를 하고 김종서에게 몸을 반쯤 먹혀버린 박지수와 악수를 하고 모자를 벗었다 다시 쓰며 손을 내미는 천동복과 악수를 하고 안경 밑의 눈을 불빛이 가져가버린 장병호와 악수를 하고 등을 벽에게 맡겨버린 유자강과 악수를 하고 한꺼번에 덤비는 김중식과 이차중에게 왼손과 오른손을 내밀어 동시에 악수를 하고 왼손으로 사타구니를 추스르는 박수길의 오른손과 악수를 하고 자기 그림자를 밟고 서 있는 최명숙과 남의 그림자를 어깨에 멘 정영자와 악수를 하고 남인숙에게 안겨 있는 방말자와 방말자를 안고 있는 남인숙과 차례로 악수를 하고 눈을 바닥에 내려놓은 조인종과 악수를 하고 한 무리를 이루고 있는 이창순과 박찬휘와 주인환과 김신중과 이민국과 악수를 하고 다른 무리를 이루고 있는 송상복과 차대식과 양진미와 함학도와 백기준과 악수를 하고 사람들을 등 뒤에 두고 밖에 차오르고 있는

봄밤을 뒤지고 있는 사공직과 나란히 서서 손이 어두운 악수를 하고

타일과 달빛

 망설이지 않고 신발을 신자마자 성큼 성큼 현관 앞 타일 바닥에 좌아악 깔린 달빛을 밟고 정성수는 가고, 망설이지 않고 앞서 가는 남편 정성수를 따라 급히 신발을 찾아 신고 현관 앞 타일 바닥에 좌아악 깔린 달빛을 밟고 이남경은 가고, 떠날 준비를 마친 유방숙은 남편 김찬제가 신발을 신고 일어설 때까지 기다려 팔짱을 끼고 현관 앞 타일 바닥에 좌아악 깔린 달빛을 밟고 나란히 가고, 혼자 왔다 혼자 가는 조동기는 느릿 느릿 신발을 신은 뒤 바지 주머니에 두 손을 넣고 현관 앞 타일 바닥에 좌아악 깔린 달빛을 밟고 잠깐 서서 하늘 한번 쳐다보고 가고, 마주 보고 쪼그리고 앉아 신발을 신은 김종태와 가숙경 부부는 일어날 때도 함께 일어나 현관 앞 타일 바닥에 좌아악 깔린 달빛을 함께 밟고 가고, 뒤를 돌아보며 박무석과 그의 아내 허진숙은 신발을 급히 끌며 현관 앞 타일 바닥에 좌아악 깔린 달빛을 밟고 둘이 함께 허리를 구부려 신발을 고쳐 신고 가고, 갈 준비를 끝내고 서 있는 장지관 앞에서 김정희는 스커트를 한번 쓸어내리고 장지관

은 김정희의 허리를 껴안고 현관 앞 타일 바닥에 좌아
악 깔린 달빛을 밟고 웃으며 가고

서후와 길

두물머리에서 강을 따라가지 말고
산으로 가야 있는 길로
진선이들 넷이 서후로 왔다 갔다
해를 머리에 이고 왔다가 등에 지고 갔다
강이 흐르는 곳으로 다시 가야 하는
서후의 길 위에서
해를 등에 지고도 깔깔거렸다
낯선 태영이 남편도 아직은 푸른 산단풍나무의
잎 하나를 등에 붙이고 갔다

포도와 멜론만 남았다

접시와 오후

붉고 연하게 잘 익은 감 셋
먼저 접시 위에 무사히 놓이고
그 다음 둥근 접시가
테이블 위에 온전하게 놓이고
그러나 접시 위의
잘 익은 감과 감 사이에는
어느 새 '사이'가 놓이고
감 곁에서 말랑말랑해지는
시월 오후는
접시에 담기지 않고
밖에 놓이고

눈송이와 전화

한 죽음을 불쑥 전화로 내게 안기네
창밖에 띄엄띄엄 보이는 눈송이를 따라 내리다가
내리다가 돌에 얹혔다가 허물어졌다가 마른 풀에 얹혔다가
나뭇가지에 얹혔다가 흙에 얹혔다가 스며들다가
물끄러미 아직 수화기를 내려놓지 못한
내 손을 보네

집과 주소

  종일 쌓이지 않고 흩날리는 눈송이가 공중에서 깨끗하게 잠적하고 있는 겨울입니다

  마을의 김장호가 지상에서 지하로 주소를 옮긴 지 사십구 일이 되는 겨울입니다

  사십구재를 지낸다는 절로 가는 앞산의 길이 그래도 텅 비어 있고

  잡목림의 산뽕나무로 주소를 옮기는 오목눈이들이 와글대는 겨울입니다

  느닷없이 나타난 군용 헬리콥터 소리에 달라붙어 골짜기의 별장 지대로 승용차 여섯 대가 가고

  젊은 두 여자가 집을 찾아와 천국까지 함께 가자고 현관에서 버티고 섰다가 가자

요즘 통 소식이 없던 어치가 나타나 늙은 밤나무에 앉더니 여전하게 똥을 눕니다

모자와 겨울
— 김준오 선생께

새가 언덕에서 지나가는 구름을 자주 보는 겨울입니다

텅 빈 밭에는 햇볕이 흙에 달라붙고

논에는 고인 물에 하늘이 버려져 있는 겨울입니다

마을 앞은 여름에 무너진 자리가 한 번 더 무너지고

엉겅퀴가 무리 지어 서 있던 자리에는 바람만 남고

어쩌다가 밖에 나온 사람도 길에 있지 않고

버려진 모자 하나 길 위에 얼고 있는 겨울입니다

사진과 명자나무
— 김원일에게

 우측으로 셋 좌측으로 셋 이렇게 막 耳順이 된 남자가 잡고 있는 중심의 좌우측에서 한 가족이 눈의 방향을 서로 잘 정돈하고 있다 한 남자의 뒤 어디에서 조용하게 시냇물 흐르는 소리가 빠져나오고 있다 우측의 아들과 사위 좌측의 딸은 이 물소리에 잘 담기는 눈을 가지고 있다 부인은 웃지 않고도 눈이 따뜻하다 어른들의 눈을 따라잡느라고 큰 외손은 약간 긴장하고 있다 아직 사람의 땅을 모르는 어린 둘째 외손은 혼자 다른 행성에서 눈을 반짝인다 사진에는 2002년이라 적혀 있다

  뜰에는 잘 자란 명자나무 한 그루가 있다
  꽃들은 모두 한 번 정한 방향을
  바꾸지 않고 붉게 피고 있다

집과 소식

오늘은 울타리 밑을 헤집던 박새가
느닷없이 불두화 쪽으로
두어 걸음 가다가는 조용히 걸음을 멈추었습니다
아무도 오지 않았는데 자귀나무 허리가
한동안 훤해지고
잔디밭에서는 조약돌 하나가
키를 낮추고 솟았습니다
낯선 사람 몇몇이 집 앞에 멈추더니
지붕 밑에서 반짝이는 흰 벽을
우두커니 서서 보고 갔습니다

| 해설 |

'어느새'와 '다시' 사이, 존재의 원환적 이행을 위한

정 과 리

1

2002년 전집(문학과지성사)을 상자할 즈음, 오규원 시의 전체가 명료한 윤곽을 보인다. 이 시절은 시인 자신이 '날이미지'라고 통칭되는 새로운 시적 탐구를 개시한 지 10년 정도가 된 때이다. 그 기간 동안에 오규원에 대해 씌어진 평론 및 논문들은 거개가 그의 시적 변모에 초점을 맞추고 있으며, 그러한 관심은 곧 오규원 시 전체의 맥락을 통합적으로 구성하는 작업으로 이어졌다.[1]

---

[1] 이원, 「'분명한 사건'으로서의 '날이미지'를 얻기까지」와 김진희, 「출발과 경계로서의 모더니즘」(이광호 편, 『오규원 깊이 읽기』, 문학과지성사, 2002)이 그런 종합적 구성을 직접 보여주는 글이다. 이후 글 이름만 표시되고 책 이름이 명시되지 않은 글들은 모두 『오규원 깊이 읽기』에 수록된 것들이다.

간단히 요약하면 오규원의 시적 변모는 "은유적 사고로부터 환유적 사고로의 이행"이라는 명제로 표현되었다. 이러한 변모가 특별히 주목을 받은 데에는 그만한 까닭들이 있었다. 무엇보다도 그 변모가 대상을 보살피는 시 쓰기의 '절차'에서의 근본적인 전환을 포함하고 있었고, 또한 그 절차의 전환이 곧바로 세계관의 변화로서 이해되었기 때문이다. 다시 말해 시적 태도와 삶에 대한 태도 사이의 긴밀한 맞물림 속에서 일어난 역동적인 '개벽'의 사태를 독자들은 보았던 것이고, 따라서 그의 변모는 시의 존재론적 궤적에 가장 어울리는 것으로 비칠 수 있었던 것이다. 다른 시인들의 경우, 변모가 명확히 눈에 띄는 경우도 드물지만 그러한 변모가 감지되거나 공시된 경우에도 관심사의 변화로 이해되거나 혹은 세계관의 변모와 시적 절차의 변화 사이의 연관이 분명하게 파악되지 않고 있었다는 점을 감안하면, 오규원의 변모가 특별한 주목을 받았던 것은 지극히 당연한 일로 보인다. 게다가 이러한 중심 원인은 두 가지 보완적인 이유들에 의해서 강력한 조명을 받는다. 하나는 그의 시적 변모에 대한 담론을 시인 자신이 개시했다는 것이며, 다른 하나는 그러한 시적 변모가 20세기 후반기에 일어난 세계 사상의 인식의 전환과 상통했다는 것이다. 전자의 사실, 즉 시인의 이론적 표명은 그의 시의 실천적 변모를 "분명한 사건"으로 받아들이는 데에 강력한 증거로 작용하였다. 후자의 사건에서 준거틀로 작용한 세계 사상의 추이는 프랑스 철학자와 정신분석가들의 다양하고도 동질적인 지적 작업이 미국의 '시장'을 경유함으로써 세계에 널리 퍼지게 된 인식론적 전환을 가리키는 것인데, 세계의 철학을 주도해온 서양 사상의 내부에서 진행된 자기반성과 자기갱신의 실제적인 결실로 비쳤다는 점에서, 즉 근대의 점령 이후 세계를 지배해온 사유 체계의 전복으로 비쳤다는 점에서 한국의 식자들에게도 매우 군침 도는 '육회와 구운 고기〔膾炙〕'로 돌았다. 그 이론의 요리는, 그런데, 놓일 상을 찾기가 어려워서 옛날의 상을 개조하는 방편을 구하기가 일쑤였는데 오규원의 후기시에서 해석자들은 그에 맞춤한 온전한 상이 마침내 제작된 것을 보았던 것이다.

그러나 이러한 거의 공식화된 해석은 몇 가지 미심쩍은 구석들을 남겨놓고 있었다. 그것들을 나열하면 다음과 같다.

첫째, 은유와 환유라는 지칭의 모호성;
둘째, 오규원의 후기시에 대한 이해의 세부적 불투명성;
셋째, 초기시와 후기시의 연속성에 대한 의문.

첫번째 문제가 수사법이 시를 대변할 수 있는가, 라는 의혹을 포함하고 있지는 않지만 그 의혹도 검토할 필요는 있다. 거칠게 말해 시는 명제와 리듬과 비유의 종합으로 이루어져 있는 것이고, 거기에서 비유에만 초점을 맞춘다 하더라도 한 시 안에는 여러 다른 수사법들이 동시에 쓰일 수 있다. 게다가 똑같은 수사법이라 하더라도 시 전체의 문맥 속에서 아주 다르게 쓰일 수 있다. 그 점에서 수사로써 시를 대체하는 진술들은 시의 이해를 왜곡할 수 있다. 그러나 비유 자체가 비유적으로 쓰여서 특정한 시적 태도를 '은유'할 수 있다. 즉 한 비유가 내포하고 있는 세계에 대한 태도 및 관점이 시적 태도에 적용되는 것이다. 그때 실제의 비유는 '우세성'의 방식으로 시에 참여하게 된다. 은유가 우세한 시는 은유적 사고가 시를 지배하는 것이 되고 그때 은유가 내포하고 있는 태도가 시의 태도를 결정짓는 것으로 이해할 수 있다는 것이다. 그리고 이러한 이해는 시인 자신의 진술에 의해 뒷받침된다. 자주 인용된 그의 진술은 "정(定)하는 것이 세계를 끊임없이 개념화시키는 것이라면 명명하는 사고의 근본인 은유적 사고의 축을 버리고 그리고 그 언어도 이차적으로 두고 세계를 '그 세계의 현상'으로서 파악"하겠다는 것이다. 독자의 진짜 질문은 은유/환유의 개념 구성이 아니라 그 개념틀 내의 세목에 대해 제기된다. 즉 "세계를 '그 세계의 현상'으로 파악"하는 것을 '환유적 태도'라고 지칭할 수 있는 것인가, 라는 궁금증이다. 왜냐하면 시인의 진술 자체는, 문자 그대로, 비유에 대한 거부로 읽힐 수 있기 때문이다. 본래 비유의 사소한 한 영역에 불과했던 환유에 새로운 의의를 부여하여 은유와 맞먹는, 아니 오히려 가치론적으로 은유를 능가하는 핵심 비유로 탈바꿈시킨 것은 라깡의 정신분석이었다(이것은 '알레고리'에 대한 벤야민의 재정의와 더불어, 통념적 수사학을 전복시킨 20세기의 두 가지 대사건이라고 부를 만한 것이다). 정신분석을 통해 조명된 환유는 은유의 유예, 즉 '의미의 구성적인 실패'였다. 그것은 어쨌든 새 의미의 획득, 즉 언어로 사실을 '대체'하는 방향 속에 놓인 것이었다. 물론 환유는 그 대체가 내포하고 있는 욕망, 즉 언어의 감옥 속에 사실을 감금하고자 하는 욕망을 의도적으로 지연시켜 그 욕망을 반성케 하는 작용을 하는 것이지만 그렇다고 해서 그 대체 자체를 부정하는 것은 아니다. "세계를 '그 세계의 현상'으로서 파악"하겠다는 오규원의 태도와 환유적 태도는 같은 것인가? 이 물음에 분명한 대답을 내리기는 극히 어렵다. 왜냐하면 오규원의 태도를 비유의 거부로 읽는다는 것 역시 난점을 가지고 있기 때문이다. 무엇보다도 비유의 거부는 시의 포기로 비칠 수도 있는 것이다. 그러나 이에 대해서는 오늘날 세계시의 첨단에 놓이는 시인들, 혹은 그들에 대한 비평적 담론들이 그 반증을 제공하고 있는데, 포르투갈의 페소아 Fernando Pessoa, 알제리의 세낙 Jean Sénac, 그리스의 카바피스 Constantinos Cavafys, 그리고 이탈리아의 파졸리니 Piere Paolo Pasolini와 산드로 페냐 Sandro Penna 등 20세기 말엽부터 집중적인 재조명을 받고 있는 시인들은 두루 비유를 거부한 시인들, 다시 말해 자신의 언어로 대상을 살해하기를 거절한 시인들로 이해되고 있기 때문이다. 이러한 담론들에 비추어 보면, '환유적 태도'는, 시에 관한 한, 차라리 낡은 것이다. 그러나 그렇다면 비유를 거부한 언어구성체에서 어떻게 시를 느낄 수 있을 것인가? 세계시에 관한 담론들은 거의 엇비슷하게 예외성과 궁극성, 다시 말해 저 플라톤이 정의한 그대로의 순수 진술 diegesis 혹은 괴테의 'Dichtung'에 초점을 맞춘다. 다시 말해 어떤 것과도 닮지 않았으며 타자의 사건을 '재현'하는 것도, 혹은 외부의 진리를 현시하는 것도 아닌 주체의 유일무이한 경험으로서의 언어, 즉 그 언어가 그런 경험인 것이 방금 거론한 시인들의 세계라는 것이다.

오규원의 시적 태도는 차라리 이에 가깝지 않을까? 그러나 짐작이 대답을 대신할 수는 없는 것이다. 그리고 설핏 보아서도 어긋나는 면을 짐작할 수 있다. 저 순수 진술이 오직 주체만의 것이라면 오규원의 시는 겉으로는 어쨌든 주체 바깥의 사물의 현상을 '묘사'하고 있는 것이다. 실상 유일성의 세계는 말 그대로 어떤 것으로부터도 유추될 수 없는 것이기에 모든 시에 대해서마다 분석과 해석이 다를 수밖에 없다. 위에 거론된 시인들의 시세계에서도 태도를 제외한 어떤 유사점을 찾기란 거의 불가능하다. 따라서 우리는 오규원의 시라는 '세계의 현상'으로 되돌아가야만 하는데, 그것은 바로 위에서 적은 두번째 문제와 만난다.

　'환유적 태도'라는 거의 공식화된 명명에도 불구하고 사실 많은 해석자들은 환유적 작용을 분석하기보다는 '그 세계의 현상' 그 자체, 즉 세계를 있는 그대로 제시하는 방식의 이해에 몰두하였다. 그런데 그 이해의 양상은 설핏 보았을 때보다는 상당한 불일치를 보인다. 그것은 그 이해들이 불완전하다는 것을 가리킨다. 물론 불완전함이야말로 살아 있음의 징표이다. 다만 살아 있는 것들은 언제나 갱신의 과정 속에서만 자신의 살아 있음을 체험할 수 있다는 것을 덧붙여야 할 것이다.

　처음 오규원의 후기시는 현상을 주관의 개입 없이 순수 객관으로 드러내는 것으로 이해될 뻔하였다. '사진'과의 유추를 통해 제시된 이런저런 해석들 혹은 그런 해석으로부터 나온 비판적 언급들 속에 그런 관점은 산재해 있는데, 그러나 그러한 시 쓰기는 사실상 불가능하다. 그에 대해서는 이남호가 이미 날카롭게 지적한 바 있다(「날이미지의 의미와 무의미」). 그에 의하면 "대상은 그것을 바라보는 인식주체의 프리즘에 의해서 일단 한 번 굴절"되며, "언어로 옮기는 과정"에서 두번째 굴절이 발생한다. 그러나 순수 객관의 드러냄이라는 해석이 일찌감치 차단된 것은 무엇보다도 시인 자신의 적극적인 설명 덕분이었다. 그는 롤랑 바르트를 빌려 순수 재현이 "기능적 법규"(오규원은 이것을 '기계적 기능'이라고 해석한다)에 불과함을 지적하면서, "사변성과 사진적(기록적) 사실성을 지워 버린 사실 reality"(「날이미지의 시 — 되돌아보기 또는 몇 개의 인용 2」)의 세계에 자신의 시적 추구가 놓여 있음을 밝힌다.

그러니까 오규원의 '사실'은 순수 객관의 세계가 아니라 주관과 객관 사이에 모종의 관계가 설정되어 있는 세계임을 인정해야만 하는데, 그 관계의 어둠 앞에서 아직 해석들은 머뭇거리고 있는 듯이 보인다. 특이한 것은 시인의 설명과 해석자들의 이해가 방향을 완벽히 달리하고 있다는 것이다. 시인의 설명은 무엇보다도 대상의 살아 있음에 집중한다. 다시 말해 묘사된 대상은 주체가 눈그물 안에 감금한 대상이 아니라 "존재의 현상으로 스스로 말하"고 있다는 것이다. 그렇기 때문에 주관이 보고 듣는 것은 "풍경의 의식으로 가득한 풍경화, 정물의 의식으로 가득 찬 정물화, 초상의 의식으로 가득 찬 초상화"이다. 그것이 "존재 그 자체!"이다. 오규원의 '사실 reality'은 주관에 의해 '파악된' 사실이 아니다. 그것은 주관에 의해 '포착된' 사실이기는 하지만 그러나 주관에 의해 통어되기는커녕 주관에게 온갖 호기심과 궁금증을 일으키면서 주관의 의식의 확장 혹은 갱신을 충동하는 사실이다. 그것을 다음과 같이 정리할 수 있다.

(1) 존재에는 의미가 부재한다[2]: 따라서 주관은 이 존재

를 미리 '판단'하지 못한다;

(2) 그러나 살아 있다; 다시 말해, 이 존재는 어떤 의지 속에서 어떤 의식에 의해 무엇을 향해 움직이는 존재이다;

(3) 살아 있는 존재는 그러니까 의미의 가능성으로 가득 찬 존재이다: 의미 부재는 의미 가능성의 충만이다;

(4) 살아 있는 존재는 끊임없이 변화하고 있는 존재이다;

(5) 이 존재는 주관에게 이해의 욕망을 충동한다.

이러한 관점은 독자의 독서 경험으로 보자면 거의 현상

---

2) 사실 시인은 날이미지의 세계가 의미 부재의 세계라고 말하지는 않았다. 그는 "언어가 의미를 떠날 수 있다고 믿고 있지 않다(주변축에 은유를 두는 까닭도 그 때문이다). 그러므로 분명히 나도 의미화를 지향하고 있다"고 말하면서, 그가 "표현하고 싶은 것은 사변화되거나 개념화되기 이전의 의미인 '날이미지'"(「날이미지의 시 — 되돌아보기 또는 몇 개의 인용 2」)라고 주장한다. 그런데 독자가 생각하기에 의미가 주어지는 순간 존재는 이미 사변화되거나 개념화된 것이다. 시인은 어쩌면 사변화나 개념화된 의미에, 세속적이고 경험적이고 선입견이며 독단적인 의미를 설정했는지 모른다. 하지만 사실 그렇지 않은 의미란 없다. 모든 의미는 역사적이고 사회적이고 개인적이며 경험적이고 상징적인 그리고 합리적인 의미이다. 사물에서 그 의미를 한 겹 한 겹 벗길 때마다 사물은 무의미로 추락하기 시작한다. 다만 사물에게 비상투적인 다른 의미를 부여하려는 노력은 있을 수 있다. 그것이 지금까지의 의미와 싸우는 과정 속에 있는 한, 의미 작용은 있을 수 있다. 그런데 의미작용과 의미는 다른 것이다. 붕어빵틀이 돌아가는 동안에는 붕어빵이 없듯이, 의미작용에는 아직 의미가 없다. 늘상 곧 부서지고야 마는 의미를 향한 존재의 작용만이 있을 뿐이다. 은유에 대해서도 마찬가지로 말할 수 있다. 날이미지에 관한 한 은유에 관한 꿈은 있어도 은유는 없다, 라고 말해야 할지 모른다. 그래야만 날이미지이기 때문이다. 이에 대해서는 뒤에서 풀이할 것이다.

학적인 관점이다(독자는 시인이 즐겨 인용하는 '조주'를 비롯한 선(禪)의 '무-이론적 이론'에 대해서는 거의 아는 바가 없다). 여기에는 '지향성' '현상학적 환원' '지각의 현상학'의 핵심 요소들이 그대로 제시되어 있다. 그런데 현상학의 난점은 주관의 능동적 가담의 양태를 파악하기가 어렵다는 것이다. '지향성'이라는 근본적 가정을 제외한다면 말이다.

바로 그것이 해석의 머뭇거림을 야기한다. 많은 해석들은 시인의 설명을 적극적으로 수용하여 주관의 역할을 개방된 의식 혹은 의식의 개방으로 재정위(定位)한다. 다시 말해 주관은 우선 타자의 사건을 받아들이는 용기(容器)가 되는 것이다. 그 다음 주관은 타자의 사건에 감염되어 호응하는 존재로 재탄생한다. 그럼으로써 주관은 수용적 용기로부터 능동적 존재로 복귀한다. 시가 보여주는 사건이 앞단계이며 시가 실행하는 사건, 즉 시 쓰기 자체는 뒷단계라고 할 수 있다.

그런데 이러한 구도에는 무언가 문제가 있다. 이 논리 안에서 주관의 활동은 대상의 활동 다음에 온다. 그러나 그것은 사실이 아니다. 어쨌든 대상을 선택하는 것이 아무리 개방되었더라도 여하튼 주관의 의식인 것은 분명하기 때문이다. 다시 말해 내가 일부러 본 것이 아니라 내게 보인 것이라 하더라도 그것은 내가 보는 만큼 보이는 것이다. 어려운 얘기가 아니지만 좀더 이해를 쉽게 하기 위해

예를 들어보자.

> 한 사내가 앞서 가는 그림자를 발에 묶으며
> 호프집 앞을 무심하게 지나가고 있다
> 세 사내가 묵묵히 남의 그림자를 길로 밟으며
> 호프집 앞을 지나가고 있다
> 길 건너편의 플라타너스 잎 하나가
> 지나가고 있는 한 사내의 발 앞까지 와서 굴렀다
> 한 아이가 우와하하 하며
> 앞만 보고 뛰어갔다　　　　——「거리와 사내」전문

　일단 이 시는 시야에 들어오는 움직이는 풍경을 있는 그대로 그린 듯이 보인다. 그러나 두번째 행의 '무심하게'는 묘사자의 의식이 어느새 개입되었음을 가리킨다. 세번째 행의 '묵묵히'도 마찬가지다. 이러한 사실을 확인한 다음에 다시 읽으면 모든 광경들이 묘사자의 주관에 의해 재구성되었음을 눈치챌 수 있다. 첫 행의 '한 사내'가 "앞서 가는 그림자를 발에 묶"는다는 '표현'은 "앞서 가는 그림자를 밟으며"라고 쓰는 것과 달라도 한참 다른 것이다. 제6행의 "발 앞까지 와서 굴렀다"도 정상적으로는 "발 앞까지 굴러왔다"라고 썼어야 했을 것이다. 마저 살펴보자. 첫 행의 '한 사내'가 걷고 있는 거리와 세번째 행의 '세 사내'가 걷고 있는 거리 사이의 관계를 대조해보면 여기 그려져 있는 정황은 세 가지로 해석될 수 있다. 다양한 해석이 가능한 이유는 '한 사내'가 제 그림자를 밟고 가고 있는 데 비해, '세 사내'는 남의 그림자를 밟고 가고 있기 때문이다. 첫째, '한 사내'와 '세 사내'가 걸어가는 방향은 정반대다. 그 차이를 묘사자는 "호프집 앞을 지나가고 있다"라는 동일한 묘사를 통해 슬며시 은폐하고 있다. 그렇다면 제2행과 4행은 다분히 의도적인 진술이다. 둘째, '한 사내'와 '세 사내'가 걷고 있는 거리는 다른 거리이다. 이것은 묘사자의 시선이 어떤 의지 혹은 충동에 따라 방향을 이리저리 바꾸었다는 의미를 포함한다. 셋째, '한 사내'가 걸어간 때와 '세 사내'가 걸어간 때는 아침과 저녁만큼 크게 벌어져 있다. 이것은 묘사자가 거의 하루 종일 거리를 바라보았거나 아니면 긴 사이를 두고 두어 번 자신이 있는 장소 건너편의 길을 건너다보았다는 뜻을 포함한다. 그것은 묘사자의 일상과 그 일상에서 오는 묘사자의 무의식적 근심에 대한 궁금증을 유발한다. '한 사내'와 '세 사내'는 방향이 다르거나 공간이 다르거나 시간이 다르다. 그 다름에서 독자는 묘사자의 모종의 기도(의식적이든 무의식적이든)를 느낀다.

그러니까 대상의 순수한 현존의 순간에도 이미 주관은 활동하고 있다. 그것이 없으면 대상의 현존도 불가능한 것이다. 때문에 해석자들은 이 주관의 활동에 대한 의심을 거둘 수가 없어서 다양한 주관적 개입의 방식을 찾아보려 했다. 그러나 그것은 오규원 시의 원래의 입장을 배반하는 것이 되고 말 위험이 있다. 왜냐하면 주관적 구성은 곧바로 주관에 의한 의미화, 다시 말해, 시의 애초의 논리를 따르면, 대상을 가두거나 대상을 살해하는 일이 되기 때문이다. 그 주관의 구성이 순전히 형식적 절차에 그치기만 해도 의미화를 피할 수는 없다. 가령 우리는 원근법이 세계를 균질화하고 구획화하는 근대적 사유의 원천에 놓인다고 생각하고 과거의 다른 시각들에서 근대 극복의 실마리를 찾는 시도들을 종종 볼 수 있다. 그러나 그 시각들이라고 해서 세계를 가두고 통어하는 활동이 아닌 것은 아니다. 가령 종교적 가치에 따라 대상을 도장 찍듯이 그린 중세적 도상학은 신의 형이상학에 의해 지배되고 있다. 민화적 시선 역시 개념화로부터 해방된 시선이라고 말할 근거는 어디에도 없다.

그러니까 이 현상학적 논리는 모순된 두 가지 명제의 동시성에 의해 움직인다.

(1) 대상은 그 스스로(즉 대상의 의지와 실행에 의해서) 현존한다;
(2) 주관의 의지가 대상의 출현을 가능케 한다.

이 두 동시적 명제에서 모순을 피하는 관건은, 의미화가 아닌 주관적 구성이 가능한가, 하는 것이다. 이남호가

"사물과 주체의 팽팽한 대결"을 보게 된 것은 주관의 활동을 인정하면서도 주관의 의미화라는 함정을 피하려고 하는 모순된 두 태도를 끝까지 함께 끌고 가다가 본 사태였을 것이다. 하지만 그 해석은 거의 부지중에 사물과 주체를 별개로 존재하는 독립적 존재로 놓는다. 그러한 해석은 거의 사르트르적이다. 사르트르는 주관이 주관의 입장에서는 대자존재이지만 타자(다른 주관)의 입장에서 보면 즉자존재로 제시된다는 점에 끈덕지게 매달렸었다(『상황』 2권, 제2장). 그러한 태도는 막연한 지향성의 개념으로 사태를 얼버무리는 것에 비해 훨씬 철저한 태도였지만 그 원천은 개별적 존재들을 근본적으로 고립된 개체들로 인식하는 태도였고 그 결과는 의식을 가진 '유한 존재'의 지위를 신과도 같은 자리로 올려놓는 것이었다. 의식의 불투명성을 의식의 자명성으로 대체함으로써 해결하려 한 것이다. 그런데 주관과 대상은 그렇게 갈라질 수가 없다. 대상의 현존은 주관으로부터의 현존, 다시 말해 주관의 내부로부터 솟아나는 현존인 것이다. 그것은 후설이 말하듯 "자기에게 현존하는 것"이다. 독자는 시인의 설명을 통해서가 아니라 시 분석을 통해서 그걸 방금 보았다. 주관이 스스로 의미를 미리 부여하지 않은 대상을 자신의 내부로부터 출현케 하고, 그래서 주관에게 전혀 새로운 충격을 줄 수 있는 일은, 그런데 어떻게 가능한가?

후설의 초기 현상학이 '직관intuition'의 개념으로 이 문제를 해결한 데 대해서는 데리다의 비판이 있었다. 언뜻 생각하면 '직관'은 지금의 궁지를 해결하기 위한 좋은 단서인 것처럼 보인다. 직관은 번개처럼 닥친 앎이다. 그것은 "매개물이 없이, 어떤 기호나 실험적 절차에 의존하지 않고 대상과의 즉각적인 접촉을 통한"(Encyclopaedia Universalis, CD-ROM version, 1995, '직관' 항목) 인식이다. 그 점에서 직관은 풀이되지 않은 앎이다. 다시 말해 의미부여작용 signification이 일어나지 않은 채로 나타난 앎이다. 그것은 그렇다면 앎 그 자체가 아니라 앎의 투명한 느낌, 더 나아가 그것의 투명한 지각이다. 앎의 느낌은 앎이 아니다. 다시 말해 그것은 주관에게 닥친 것이지 주관이 본래 가지고 있던 것이 아니다. 그럼에도 불구하고 직관의 장소는 주관이다. 그러나 "그러한 지각 혹은 현재 순간에서의 자기에 의한 자기의 직관은 통상적으로 의미화가 발생하지 않는 계기일 뿐만 아니라, 동시에 원초적 지각 혹은 직관 일반의 가능성을 보장해주는 것, 다시 말해 '원리 중의 원리'로서의 비-의미화를 보장해주는 것이 될 것이다"(데리다, 『목소리와 현상 *La voix et le phenomene*』, PUF, 1967, p. 67). 다시 말해 주관을 직관의 장소로 여기는 것은 곧바로 주관과 대상을 초월한 자리에 보편적 행위(원초적 지각)를 놓는 태도를 포함한다. 순수하게 보는 자(다시 말해 개방된 의식)의 침묵을 지탱하고 있는 것은 어떤 보편적 '목소리'인 것이다. 데리다의 말을 이어 들어보

자: "현상학적 '침묵'은 따라서 이중의 떼어 놓기 혹은 이중의 환원을 통해서만 구성될 수 있다: 첫째, 자기 안에서 타자와의 관계를 배제해 지시적 소통체계 속으로 떼어 놓는 것; 둘째, 표현을 의미의 성층보다 우월하고 그 바깥에 놓여 있는 궁극적 성층으로서 떼어 놓는 것. 바로 이 두 가지 배제의 연관 속에서 목소리의 심급이 (출현해) 자신의 기이한 권위를 귀기울여 듣게끔 하는 것이다"(같은 책, p.78). 첫번째 환원을 통해 존재의 사건은 순수주관의 내면의 사건으로 결정화되고 다시 이 순수주관의 사건은 '현존하다'라는 원형 동사(다시 말해 이상적·보편적 사건)의 표지로 나타난다. 그리고 두번째 환원 속에서 이 존재함이라는 "전격적인 표현의 목적은 현존의 형식 아래 현재 직관에 주어진 의미의 총체성을 복원하는 것"(p.83)이 된다. 결국 이것은 후설 현상학의 자가당착을 보여준다. 의미로부터의 환원, 즉 순수존재의 드러냄은 이미 있는 궁극적 의미의 복원으로 귀착하기 때문이다.

직관이 할 수 있는 것은 그것뿐이다. 그것은 의미의 충만을 미리 실현된 것으로 만든다. '존재, 즉 의미로부터의 환원'이 순식간에 '현존, 즉 의미의 충만'으로 둔갑하는 것이다. 현상학의 시초에 놓인 지향성, 다시 말해 주관과 대상의 상호성은 어느새 사라지고 없다.

만일 오규원의 후기시가 그런 직관의 세계를 보여준다고 가정한다면 그것은 독자를 무척 실망시키는 일이 될 것이다. 왜냐하면 실제 그의 시들은 그런 가정을 수긍할 수 있게 만드는 눈부신 사건을 좀처럼 보여주지 않기 때문이다. 물론 황현산이 멋지게 분석해낸 「저기 푸른 하늘 안쪽 어딘가 ~」 같은 시도 간혹 눈에 띄지만 실은 그것은 비평가의 분석(다시 말해 독자의 오랜 음미) 다음에 독자가 느낄 수 있게 된 것이다. 실제로 전반적으로 그리고 얼핏 보아 시들은 아주 개별적이고 사소한 풍경들 혹은 사건들을 보여주고 있을 뿐이다. 다시 말해 그것들은 의미의 충만으로서가 아니라 의미의 공백으로서 출현하는 것이다. 이남호가 "긴장과 지각 갱신이라는 날이미지의 독서 체험이 우리의 삶에 무엇을 남기는 것이 무엇인가라는 회의"를 품게 된 것은 그 때문일 것이다. 과연 오규원의 시는 무엇을 남기는가?

2

오규원의 새 시집으로 들어가기 위해 지금껏 아주 먼 길을 돌아왔다. 왜 이런 에돎이 필요했던가? 무엇보다도 그의 '날이미지'라는 용어가 불러일으킬 의혹 혹은 오해를 이제는 정돈할 때가 되었음을 느꼈기 때문이다. 그 오해는 두 단계에 걸쳐 있다.

(1) 용어로부터의 오해: 날이미지는 시인이 그리는 세계가 순수 객관의 세계라는 착각을 불러일으킬 수 있다. 그때 날이미지의 시는 문자 그대로 무의미의 시가 될 것이다. 그러나 그런 무의미시는 없다. 그것은 김춘수에 대해서나 오규원에 대해서나 똑같이 적용될 수 있는 말이다. 날이미지는 순수 객관이 아니라 주관으로부터 솟아난 대상의 현전을 가리킨다.

(2) 시인의 설명으로부터의 오해: 그런데 대상의 현전은 의미(개인적·사회적·역사적·경험적·상식적)로부터의 환원을 통해 가능하다. 그런데 그 의미로부터의 환원은 무의미인가? 그것이 무의미라면 이 현전이 제공하는 새로운 각성 혹은 어떤 진리를 엿보았다는 느낌은 어떻게 된 것인가? 다시 말해 그 대상의 현전이 순수 주관의 내면의 사건처럼 나타나는 것은 무슨 까닭인가? 해석은 바로 이 자리에서 종종걸음 치다가, 저 환원된 의미들이 '세속적'이라는 데에 생각이 미치고 따라서 세속적 의미/성스런 의미, 혹은 가짜 의미/진정한 의미의 이분법을 통해 날이미지가 환원시키는 것은 세속적이거나 가짜 의미이고 그것이 회복시키는 것은 성스런 진짜 의미이다, 라는 결론으로 나아간다. 그것은 '가정적으로' 진실일 수 있다. 그러나 그것을 '실제적으로' 진실이라고 착각하는 순간 애초에 존재하지도 않았던 거대한 의미의 압도적인 출현 앞에서 주관의 지위는 무(無)로 환원된다. 그것이 주관의 내면 경험이라고 말할 수

가 없게 된 것이다. 그런데도 어떻게 주관은 그 거대한 의미가 진짜 의미임을 알 수 있단 말인가?

독자가 마침내 확인한 것은 현존은 즉각적인 의미의 충만이 아니라는 것이다. 그것은 애초의 생각을, 아니 차라리 '발견'을 배반하는 것이 된다. 그 점을 황현산은 날카롭게 간파하고 있었다. 그는 자주 인용된 시,

> 누란으로 가는 길은 둘이다
> 陽關을 통해 가는 길과
> 玉門關을 통해 가는 길
>
> 모두 모래들이 모여들어 밤까지 반짝이는 길이다
> ——「길」, 『길, 골목, 호텔 그리고 강물소리』

를 다시 한 번 인용하면서, 이 시의 승리는 상징('陽關'과 '玉門關')의 것이 아니라 모래의 것임을 지적한다:

> 모래들은 그 두 길에 구분 없이 모여들어 빛을 줌으로써 그 상징의 영광을 긍정함과 동시에 길 위에 여전히 모래로 남음으로써 그것을 부정한다. 길보다, 그 길의 상징 체계보다, 먼저 있었고 또 나중까지 있을 것들이다. 아니 체계가 벌써 그 이야기까지를 했다고 말함이 옳지 않을까. <u>최초의</u>

혼돈에서 또 다른 혼돈에 이르기까지 변화와 생성이라는 말로 덮지 못할 것은 없기 때문이다. 이때 모래의 반짝임은 그 상징 체계의 진정한 실현에까지는 이르지 못한다 할지라도, 적어도 그 체계가 성립될 최초의 불안한 순간으로 그 길을 되돌려, 그 상징이 헛된 말이 아닐 것을 한순간 증명해줄 수는 있다. 이 승리는 상징 체계의 그것이 아니라 모래의 그것이다.

─── 황현산, 「새는 새벽 하늘로 날아갔다」, 『오규원 깊이 읽기』, p. 284(밑줄은 인용자가 함).

내가 읽은 것이 올바르다면 밑줄 친 부분은 "최초의 혼돈에서 또 다른 혼돈에 이르기까지 변화와 생성이라는 말로 덮지 못할 것은 없으리라. 그러나 모래의 반짝임은 그 상징 체계의 진정한 실현에까지 이르지 못한다 할지라도, 그 체계가 성립될 최초의 불안한 순간으로 그 길을 되돌려, 그 상징이 헛된 말이 되어서는 안 될 것임을 꾸준히 명시한다"로 고쳐질 필요가 있다. 그래야 뜻이 분명해진다. 그렇다는 것은 비평가가 무의식적으로 자신의 진술을 흐렸다는 짐작을 하게 하는데 이 자리는 비평가를 논하는 자리가 아니므로 지나치기로 한다. 여하튼 이 진술의 전언은 '상징은 실현태로서 드러나지 않는다'는 것이다. 그것이 실현태로 드러난다는 것은 존재의 현전이 이미 상징이 되었다는 것을 가리킨다. 그것은 의미화의 거부가 궁극적인 의미로 돌변했다는 것을 가리키는 것이다. 비평가의 진술은 그 착각 혹은 배반에 대한 경고이다. 이어서 비평가는 현존적 존재의 가리킴("사물이 거기 있다")이 "사물에 즉물적인 태도"가 아님을 말한다. 그것은 "어떤 내성의 긴 과정 끝에" 이루어진 것이라는 게다. 그것은 존재의 드러남이 주관의 작업에 속한다는 것을 가리킨다. 대상의 있음, 그것이 그것의 무의미한 존재성만을 가리키는 것도 아니고 동시에 충만한 의미의 상징으로서 있음을 가리키는 것도 아닐 때, 의미의 무한은 오직 '가정적으로만' 진실이다. 그리고 그렇다면 그 가정을 진실로 만들기 위해서는 무척 많은 주관의 일들이 남아 있다. 그 점을 유념할 때, 주관은 개방적 의식이 아니라 구성적 의식이다.

주관이 수용적 태도를 취하는 게 아니라 구성적 작업을 한다는 것은 날이미지가 주관에 의해 구성된 사건이지 주관이라는 이름의 무인도에 몰려 온 태풍이 아니라는 것을 뜻한다. 좀더 정확히 말하자. 날이미지는 주관에게 번개처럼 닥치는 방식으로 주관에 의해 구성된 사건이다.

독자는 이제 주관의 구성적 작업의 문턱에 들어섰다. 문을 열고 들어가기 전에 하나의 원칙을 새겨야 할 것이다. 주관의 구성적 작업이 궁극적으로 지향하는 것이 존재의 발견이 아니라 그것을 꿰뚫고 나타나는 의미의 발견이라는 '가정'을 세워야 한다면(다시 한 번 그 까닭을 말하자면, '물 자체 Thing in itself'와 같은 뜻으로서의 '존재 그 자체'는 의미 가능성의 충만으로서만 '발견'될 수 있으며, 또한 그 발견에서 의미를 직관으로 대체하는 것은 역설적으로 선험적이고 최종적인 의미의 설정으로 귀착하기 때문이다), 그 의미는 결코 실현태로 드러나지 않는다는 것, 그렇게 드러날 수도 없고 드러나서도 안 된다는 것이다. 그런데 이 원칙, "실현태로 드러나지 않는다"는 진술은 "잠재적으로도 실현태로 가정되지 않는다"로까지 확대해야 할 것이다. 왜냐하면 잠재적으로 실현태로 가정된다면, 주관의 작업은 미리 설정된 그 의미의 구축 작업이 될 것이기 때문이다. 그러나 그것은 애초의 의도를 배반하는 것이다. 그러니까 주관의 작업에는 설계도나 청사진이 있을 수가 없다. 가정될 수 있는 것은 그 방향뿐이다. 다시 말해 도로에 그칠지도 모르는 '투기 projet'만이 있을 뿐이다.

시집의 첫 페이지를 여는 순간, 독자는 시인 역시 비슷한 고민에 놓여 있음을 보고 놀란다. '서시'라는 부제를 단 첫 시, 「호수와 나무」의 전문은 이렇다:

> 잔물결 일으키는 고기를 낚아채 어망에 넣고
> 호수가 다시 호수가 되도록 기다리는
> 한 사내가 물가에 앉아 있다
> 그 옆에서 높이로 서 있던 나무가
> 어느새 물속에 와서 깊이로 다시 서 있다

이 시는 곧장 다음 시를 회상케 한다.

밤새 눈이 온 뒤 어제는 지워지고 쌓인 흰 눈만 남은 날입니다
쌓인 눈을 위에 얹고 物物이 허공의 깊이를
물물의 높이로 바꾸고
나뭇가지에서는 쌓인 눈이 눈으로 아직까지 그곳에 있는 날입니다
——「물물과 높이」 부분, 『토마토는 붉다 아니 달콤하다』

날이미지가 '존재 그 자체'의 드러남이자 드러냄이라면, 그것은 "허공의 깊이를 물물의 높이로 바꾸"는 행위이다. 그런데 이제 시인은 높이를 다시 깊이로 보고자 한다. 왜? 그에 대한 짐작은 방금 한 것과 같다. 대상의 드러냄보다 대상 밑에 도사린 주관의 근심으로 시인의 시선이 이동했음을 가리킨다는 것이다.

더 나아가 이 시는 많은 것을 암시하고 있다. 우선 이 시가 '서시'라는 부제를 달고 있다는 것은 이 시가 전체 시편으로 들어가는 관문이거나 압축 상징도 mise en abyme 를 이루고 있다는 것을 가리킨다. 그것은 상징을 유보시키는 시인의 의도와 관계없이 서시의 존재론적 지위로부터 나오는 것이다. 독자는 그렇게 읽을 수밖에 없고 시인

역시 그 점을 염두에 두고 부제를 붙였을 것이다. 그런데 이 시는 문자 그대로 읽을 수도 있고 비유적으로 읽을 수도 있다는 점에서 특징적이다. 문자 그대로 읽는 것은 낚시하는 광경으로 읽는 것이다. 그렇게 읽을 때 이 시는 어떤 어색함도 없다. 비유적으로 읽는 것은 이 시를 시 쓰기에 대한 시인의 태도로 읽는 것이다. 그렇게 읽으면 이 시는 지금까지의 추론을 매우 충실히 뒷받침해준다. 우선, "잔물결을 일으키는 고기를 낚아" 챘다는 것. 이제 독자는 이 묘사를 무심히 대할 수가 없다. 왜냐하면 '고기'가 시 쓰기를 통해 드러날 대상의 비유라면 그것은 자신이 어떤 근원적 존재임을 결코 현시하지 않는다는 것을 또한 보여주는 것으로 읽을 수가 있기 때문이다. 그것은 겨우 '잔물결'만을 일으키는 존재에 불과하다. 그럼에도 불구하고 그 고기가 시 쓰기가 지향하는 '존재 그 자체'의 시도의 한 결과인 것만은 분명하다. 그렇다면 여기에는 방향만 있고 상징은 없는 것이다. 그리고 이것이야말로 정직한 태도이다. 상징의 획득은 존재의 배반이기 때문이다. 다음, '한 사내'의 존재. 그것은 날이미지의 현상이라는 시 쓰기의 목표가 주관의 구성적 작업에 해당하는 것임을 그대로 가리킨다. 그리고 그 '사내'가 "호수가 다시 호수가 되도록 기다"린다는 것. 존재의 현상은 '존재 이전'의 준비가 있어야 한다는 것, 그리고, 그런데 그 '존재 이전' 역시 존재라는 것을 그것은 가리킨다. 존재의 드러남은 '비존재'로부터 존재로'나 '존재로부터 의미로'가 아니라 '존재로부터 존재'로의 이행 속에서 이루어진다는 것이다. 따라서 존재와 존재 사이에는 근접과 대립의 관계와는 다른 관계가 있으리라는 것이다. 왜냐하면 근접은 이상적인 상태를 가정할 때 성립하는 동사이고 대립은 반대의 상태를 가정할 때 성립하는 동사인데, 존재들 사이에는 그런 가정적 이상을 설정할 수 없고, 또한 의미를 거치지 않은 채 존재들 사이에 대립을 가정할 수도 없기 때문이다. 또한, '나무'의 출현. 4, 5행은 한편으로 제목에 반향해 나무가 호수와 마찬가지로 '존재 그 자체'임을 일깨운다. 다른 한편으로는 높이로부터 깊이로의 변화를 통해 '사내'와 연관된다. 그걸 '깊이'로 바라볼 존재는 '사내'이기 때문이다. 첫번째 정보는 독자로 하여금, 깊이로 선 나무를 보니 호수가 다시 호수가 되었음을 깨닫게 해준다. 이것은 존재의 변화를 알려주는 것은 존재라는 것, 혹은 더 과감하게 말해 존재를 변화시키는 것은 존재라는 것을 가리킨다. 그렇다면 존재는 존재의 통로거나 존재의 촉매거나 존재의 작용이라는 것을 암시한다. 이 분석의 연장선상에서 독자는 두번째 지표를 만나게 되는데, 그것은 '사내' 또한 하나의 존재, 다시 말해 이 광경의 목격자가 아니라 참여자임을 알려준다. 독자는 '사내'를 통해서 나무의 깊이를 알게 되었고 다시 나무의 깊이를 통해서 호수의 호수 됨을 알게 되었기 때문이다. 그렇다면 사내의 존재태와 기능은 시의 서술자의 그것들에도 유추적으로 적용될 수 있는 것이 아닐까? 다시 말해 서술자는 얼핏 보아서는 순수관찰자이자 묘사자인 것처럼 보이지만 실은 시의 광경에의 참여자가 아닐까? '시인의 말'에서 "새와 나무와 새똥 그리고 돌멩이, 이런 물물(物物)과 나란히 앉고 또 나란히 서서 한 시절을 보낸 인간인 나의 기록이다"라고 시인이 적었을 때 '나란히'가 가리키는 것이 그것이 아닐까? 마지막으로 "어느새"와 "다시." 순간과 지속이라는 시간적 계기들. 이 시는 이 두 시간적 계기들의 대위법적 변주에 의해서 움직인다. 우선 이 시가 풍경 묘사임을 주목하면 이 시의 문턱에 '어느새'가 있음을 알 수 있을 것이다. 모든 풍경은 '발견'되는 것이니까 말이다. 그런데 이 풍경은 원 모습으로 돌아가는 데서 짧은 완성을 이룬다. 그리고 그 순간은 그 '다시'가 '어느새'의 각성으로 나타나는 순간이다.

'서시'와 시 쓰기 사이의 비유적 관계는 정황적 일치가 아니라 세목 하나하나의 적확한 일치를 이룬다. 현상의 즉물적인 묘사로서도 완미한 묘사이고 시 쓰기의 비유로서도 완벽한 진술이다. 자연성과 의도성이, 순간과 지속이, 혹은 이런 말을 해도 좋다면, 정혜쌍수(定慧雙修)가 한 광경으로 압축된 것이다. 본래적인 의미에서의 알레고리, 즉 성 아우구스티누스 시대의 '알레고리'를 보게끔 하는 이 시가 두른 두 겹의 의미장의 원천을 독자는 방금 '서시'의 존재론적 지위에서 찾았다. 시인의 이론적 설명을 통해 표명된 '날이미지'의 의도는 이 시를 순수 묘사이게끔 하는데, 서시의 존재론적 지위는 이 시를 동시에 시 쓰기에 대한 비유적 진술로 받아들이게끔 한다. 일단 이것은 모순이다. 날이미지는 비유를 거부하고 진술은 날이미지에 의미의 떼를 입혀 흐려 놓는다. 비유의 세목들의 적확한 일치는 아마도 그래서 나온 것이리라. 왜냐하면 그것은 진술을 거의 묘사에 가깝게 만드는 작업이기 때문이다. 그 작업을 통해 앞으로 전개될 시편들에 대한 무궁한 암시를 얻을 수 있게 되었음은 이미 살펴보았지만 우선은 이 작업 자체가 내포하고 있는 구성적 성질을 확인하는 것이 좋으리라. 그것의 구성적 성질이란 바로 언어가 시의 정황을 드러낸다기보다 시의 정황에 참여한다는 것을 가리킨다. 세부적 정밀성을 통해서 비유가 묘사로, 다시 말해 존재 그 자체로 변화해갔기 때문이다. 그리고 이 완미한 묘사로부터 독자는 '다시' 시 쓰기의 은유를 떠올렸기 때문이다. 이로써 독자는 묘사적 국면에서 꺼냈던 하나의 제안, 다시 말해, 시 내부의 '사내'의 존재태와 기능을 서술자의 그것들에게로 유추해 적용할 수 없을까, 에 대한 궁금증을 마침내 덜게 된 것이다. 다만 그 참여의 양상은 방향이 다른 것 같다. '사내'의 참여의 방식은 '어느새'를 유발한다. 나무가 깊이로 선 것을 보니 호수가 '어느새' 호수로 되돌아왔음을 깨닫게 해주기 때문이다. 반면 서술자의 언어는, 다시 말해, 비유의 정밀성은 비유를

'다시' 존재로 복귀시키고 있는 것이다. '사내'와 서술자 사이에도 대위법이 작동하고 있는 것이다.

서시의 방법적 특성은 그것의 존재론적 지위로부터 필연적으로 배태된 것일까? 아니면, 그것은 실상 오규원 후기시의 일반성에 속하는 것이기도 한 것일까? 이런 질문이 금세 떠오르는 까닭은 그것이 놀랍게도 날이미지의 본래의 의도를 충족시키기 때문인데, 만일 후자의 대답 쪽에 돌을 놓을 수 있다면 '환유적 태도'라는 종래의 판단은 철회되어야 할지도 모른다. 이에 대해서는 잠시 유보하기로 하자.

우선은 서시로부터 얻은 암시를 품에 안고 다음 시편들의 존재 현상의 양상과 변주를 더듬어보아야 할 것이다. 다음의 시, 「나무와 돌」은 후기시의 특성이라고 알려진 것을 되풀이하고 있는 듯이 보인다. 이것은 순수 묘사라 할 만하다. 여기에는 '서시'가 보여준 바와 같은 이중적 의미장이 느껴지지 않는다. 다만 첫 행, "나무가 몸 안으로 집어넣는 그림자"에서 "몸 안으로 집어넣는"이 순수 묘사라기보다 오히려 주관적 비유에 해당한다고 보는 것이 타당하다면, 그것은 이 시 전체가 자기의 그림자를 몸 안으로 집어넣은 것이라서 보이지 않는 '시의 바깥'을 가정하고 있다는 사실에 대한 비유로서도 읽힐 수 있는 게 아닐까, 라는 호기심을 유발한다. 표면적으로는 순수 묘사처럼 보이지만 지각되지 않는 '진술'과 겹을 이루고 있는 게 아닐까, 하는 추측을 낳는다는 것이다. 그 다음 시, 「양철 지붕과 봄비」도 언뜻 보아서는 묘사의 시, 즉 존재 현상의 시에 해당한다. 그러나 여기에서부터 묘한 붕괴가, 그러니까, 존재의 해체가 멀리서 느껴지는 지진파의 작용처럼 진행되고 있다. 전문이다.

> 붉은 양철 지붕의 반쯤 빠진 못과 반쯤 빠질 작정을 하고 있는 못 사이 이미 벌겋게 녹슨 자리와 벌써 벌겋게 녹슬 준비를 하고 있는 자리 사이 퍼질러진 새똥과 뭉개진 새똥 사이 아침부터 지금까지 또닥 또닥 소리를 내고 있는 봄비와 또닥 또닥 소리를 내지 않고 있는 봄비 사이

이 시가 왜 "붉은 양철 지붕의 반쯤 빠진 못과 반쯤 빠질 작정을 하고 있는 못 사이" "아침부터 지금까지 또닥 또닥 소리를 내고 있는 봄비와 또닥 또닥 소리를 내지 않고 있는 봄비 사이" 같은 진부한 말장난 같은 묘사들을 늘어놓고 있는 것일까? 그러나 이것이 진부하다면 그 존재가 진부하기 때문이며 그 존재가 진부하다면 독자가 한 번도 그 존재의 실상을 눈여겨보려고 하지 않았기 때문이다. 왜냐하면 실제로 독자가 그 존재를 머릿속에 그려보고자 하면 그냥 그려질 수 있는 것과 그려질 때 감각적 전율을 일으키고야 말 것을 생생하게 느낄 수 있을 것이기 때문이다. 가령, "붉은 양철 지붕의 반쯤 빠진 못"은 그냥 보일

수 있지만 그걸 그려본 다음에 "반쯤 빠질 작정을 하고 있는 못"을 그려본다면 독자는 자못 애처롭고도 감질나는 느낌에 사로잡힐 것이다. 그러나 지금 이 자리에서 독자가 주목하는 것은 조금 다른 문제다. 왜 저것이 진부한 말장난처럼 비쳐졌을까?

두 가지 원인이 있는 듯하다. 첫째, 이 '사이'의 양쪽에 놓일 존재태가 선명하지 않다는 것이다. 이전의 시들에서 '사이'는 명백한 공간적 개별성들을 양쪽의 표점으로 두고 존재했다. 가령, "좌우의 가로수 사이로 아래 위의 집 사이로"(「길목」)나 "대방동 조흥은행과 주택은행 사이에는 플라타너스가 쉰일곱 그루, 빌딩의 창문이 칠백열아홉, 여관이 넷, 여인숙이 둘, 햇빛에는 모두 반짝입니다."(「대방동 조흥은행과 주택은행 사이」)에서의 '사이'는 가시적인 두 개체 존재의 사이다. "시 외곽의 吳門이나 北塔을 / 더듬는 달빛도 백양나무 사이로 내려와"(「十字路의 밤」)에서의 '사이'도 "백양나무 가지들 사이로" 읽어야 하니까 마찬가지다. "뜰 앞의 잣나무는 멀리 있는 산보다 / 집에서는 훨씬 높다 / 그 높이의 층층 사이의 허공을 / 빈틈없이 하늘이 찾아들어 잎이며 / 가지의 푸른 배경이 되어 있다"(「조주의 집 3」)에서 "높이의 층층"은 비가시적인 공간이지만 그러나 관념의 작용에 의해 공간적으로 달리 배치되어 가시성이 부여된 지대들이다. 그런데 "붉은 양철 지붕의 반쯤 빠진 못"과 "반쯤 빠질 작정을 하고 있는 못"에서는 그런 공간적 개별성을 찾기가 어렵다. 물론 할 수는 있다. 그러나 그렇게 한다고 해서 그 둘에 대해서 특별한 존재감을 느끼기는 힘들다. 가령 붉은 양철 지붕 위의 서쪽 끝에 반쯤 빠진 못이 있고 동쪽 끝에 반쯤 빠질 작정을 하고 있는 못이 있는 풍경을 그려보자. 이때 그려보는 이의 느낌은 붉은 양철 지붕의 낡음에 집중되지, 두 개의 못에 달라붙지 않는다. 그러나 그 두 개의 못에서 존재감을 느낄 수 있는 유일한 방법이 있다. 그것은 두 개의 못을 하나의 못으로 보고 그 사이에 시간이 놓여 있다고 가정하는 것이다. 그렇게 가정하면 독자의 시선은 못의 변화에 집중된다. 그리고 바로 앞에서 말한 것처럼 그 변화에 대한 아슬아슬한 느낌이 살아난다. 게다가 시간의 변화로 읽는 게 타당하다면 이 대목에서 그 시간은 거꾸로 배치되었다. 그것은 우선 평범한 장면에 역동성을 부여하는 기능을 한다. 처음 본 장면은 밋밋하다. 그러나 그것이 반쯤 빠질 작정을 한 때부터 마침내 반쯤 빠진 상태에 이르기까지의 보이지 않는 진행을 다시 그려본다면 그 밋밋한 그림 속에 얼마나 절실한 실존의 몸놀림이 숨어 있는지를 체감할 수 있을 것이다. 그 다음 그것은 거꾸로 배치됨으로써 못이 빠져나가는 시간을 연장한다. '작정'이라는 의지를 통해서 반쯤 빠질 작정을 한 못과 반쯤 빠진 못 사이 위로 온전히 빠질 작정을 한 못과 온전히 빠져 달아난 못 사이의 과정이 한 겹 겹쳐지는 것이다.

이 시가 진부한 말장난처럼 비친 또 하나의 원인은 체언만 있고 용언이 없다는 데에서 기인한다. 이 시는 문법적으로는 주어만을 보여주거나 목적어만을 보여준다. 기본 문장은 다음 둘 중의 하나다.

(1) A와 A′ 사이(는 ······ 하다)
(2) (나는) A와 A′ 사이(를 본다)

이 기본 문장에 주어 혹은 목적어가 복수(네 개)로 붙은 게 이 시의 문법적 구조이다. 독자는 제시된 사물들만큼 그에 대한 기대를 갖지만 그러나 그것들이 어떤 동작도 수반하고 있지 않아서 기대의 충족은 유예된다. 이런 유형의 시는 시인이 이미 여러 번 보여준 것이기도 하다. 최현식은 그 비슷하게 술부가 생략된 시, 「자작자작」을 두고, "이 시에 제시된 정황은 어떤 해석도 거부하며 또한 어떤 해석도 수용한다. 그 까닭은 무엇보다 시인이 고의적으로 서술어를 생략했기 때문이다. 그 텅 빈 의미의 공간은 시니피앙만 공유하는 개개의 '길'들이 어떻게 현상하느냐에 따라, 그리고 우리(독자) 개개인의 경험과 상상력의 수준에 따라 그 내용과 질감을 달리하게 될 것"(「시선의 조응과 그 깊이, 그리고 '몸'의 개방」, 『오규원 깊이 읽기』, p. 349)이라고 풀이하고 있는데, 제시된 체언들이 확보하고 있는 선명성과 탄력에 따라 그 풀이는 합당할 것이다. 다시 말해 날이미지의 존재태가 잠재적 의미 가능성의 폭과 크기를 결정하며 또한 그것이 독자가 시 위에 얹게 될 내용과 질감을 결정한다는 것이다. 한데 지금 읽고 있는 「양철 지붕과 봄비」는 첫번째 원인 분석에서 본 것처럼 아주 오래 음미할 때에만 그 존재태를 느낄 수 있다. 그렇다는 것은 이 시의 '존재들'이 첫눈에는 밋밋한 사물들처럼 나타난다는 것을 뜻한다. 왜 밋밋한 존재일까?

분명, 이 밋밋한 양철 지붕이며 봄비며 새똥들은 시간과 관계가 있고 또한 저 절단된 구문과도 관계가 있다. 나는 이것을 조금 전 여기에서 존재의 해체가 일어나고 있다고 말했는데, 그것은 바로 이 존재의 미미함을 두고 한 말이다. 왜 미미한 존재이고, 왜 시간인가? 독자는 시인의 의도가 '존재 그 자체'의 현상임을 알고 있다. 그것은 의미화 혹은 비유의 거부를 통해 출발했다. 삶의 진면목에 다가가기 위해서다. 그런데 그 순간, 지금까지의 분석에 근거하면, 삶의 진면목과 만나는 순간, 시는 자기 배반의 모순에 노출된다. 진면목=진실=진리=신성함……이라는 가속화되는 비대화의 등식 때문이다. 그 등식으로 인해 존재 그 자체는 '어느새' 최고의 의미로 돌변하는 것이다. 그런 모순의 함정에서 벗어나려면 말 그대로 의미가 없는 존재 그 자체를 만나야 한다. 그러나 동시에 순수한 무의미로서의 존재는 현상될 매력을 상실한다는 것 또한 분명한 진실이다.

실로 존재란 '무'에 불과한 것이다. 개념화되지 않은 사물, 형태가 부여되지 않은 질료는 그 자체로서는 아무것도 아닌 것이다. 이것이야말로 진실이다. 그리고 이 진실은 앞 항목을 비대화시키지 않는다. 존재의 진면목＝진실의 등식은 존재를 진실로 대체함으로써 존재를 과장한다. 반면, 존재의 진면목＝무＝진실의 등식은 과장을 발동시킬 수가 없다. '무'가 충만이 될 수는 없기 때문이다. 그런데 이 아무것도 아닌 것을 현상해 어찌하겠다는 건가?

시간은 바로 여기에서 자신의 운행을 시작한다. "시간은 존재의 관계"(『지각의 현상학』, Gallimard, 1945; 류의근 옮김, 문학과지성사, 2002)라는 간명한 명제를 제시한 사람은 메를로-퐁티인데, 이 명제는 실로 많은 것을 함축하고 있다. 그것은 존재가 칸트적인 의미에서의 '물 자체'가 아니라 '무'라는 자각에서 태어난다. 그러나 현상학의 의미심장한 발견은 그 아무것도 아닌 것이 지향성의 존재라는 것, 무엇을 향한 의식이라는 것이다. 그것은 아무것도 아니기 때문에 변화하려고 한다. 이미 '무엇'인 것은 변화할 이유가 없다. 이미 충만인 존재는 존재를 변모시켜야 할 까닭이 없다(그것을 메를로-퐁티는 약간 다른 방향에서 "객관세계는 충만하여 시간이 들어설 자리가 없다"고 말한다). 그것은 지향성의 존재는 존재 결여를 존재 형식으로 갖는다는 것을 가리킨다. 아무것도 아닌 존재는 의미 결핍의 존재이다. 이 의미 결핍의 존재가 의미를 향해

나가려고 할 때 그리고 그 의미가 번쩍이는 상징으로 번개처럼 주어지는 것이 아니라고 생각할 때, 다시 말해 그것은 그의 팔자가 아님을 인정할 때, 그 장소도 실체도 알 수 없는 의미를 향해 가는 움직임은 의미에 대한 욕망을 자신의 존재에 투사하는 행위에서만 유일한 통로를 찾는다. 그 순간 존재는 존재 결여로서 존재의 이행에서만 의미를 구한다. 바로 그것이 시간성의 의미이다. 시간성은 누적 혹은 연속이 아니라 이행이다.

독자는 「양철 지붕과 봄비」에서 처음으로 시간성이 작동하기 시작했다고 생각한다. 물론 존재의 시간성에 대해서 시인 자신의 언급이 이미 있었고 그에 근거해 그의 시에서 공간의 시간화를 보려고 한 시도들이 있었던 것도 사실이다. 또한 이전에도 시간을 다룬 시편들이 적지 않게 있었다는 것도 독자는 알고 있다. 그러나 그 시간들은 공간의 분절면 혹은 계기로서의 시간이라는 게 독자의 판단이다. 가령,

    땅과 제일 먼저 태어난 채송화의 잎 사이 제일 먼저 태어난 잎과 그 다음 나온 잎 사이 제일 어린 잎과 안개 사이 그리고 한 자쯤 높이의 흐린 안개와 수국 사이 수국과 수국 곁에 엉긴 모란 사이 모란의 잎과 모란의 꽃 사이 모란의 꽃과 안개 사이
  ——「오늘과 아침」 부분, 『토마토는 붉다 아니 달콤하다』

에서 시간은 존재의 달라짐을 표지하는 계기들이다. 그것은 지금까지 시인이 존재의 현상에 집중해온 결과로 보인다. 그런데 「양철 지붕과 봄비」에서 발동된 시간은 변화된 사물들 사이의 차이를 가리키는 표지가 아니라 변화의 과정 그 자체, 즉 '변화하다'라는 동사의 존재태이다. 빠져나가는 동작, 녹이 스는 동작에서 우리가 그것의 존재감을 느끼게 되니까 말이다. 계기가 아니라 동작이라는 것을 특별히 주목해야 할 까닭은 무엇인가? 그 문제를 좀 더 명제적 방식으로 표현하고 있는 것은 그 다음 시, 『허공과 구멍』이니 잠시 인용하기로 하자. 전문이다.

　나무가 있으면 허공은 나무가 됩니다
　나무에 새가 와 앉으면 허공은 새가 앉은 나무가 됩니다
　새가 날아가면 새가 앉았던 가지만 흔들리는 나무가 됩니다
　새가 혼자 날면 허공은 ①<u>새가 됩니다 새의 속도가 됩니다</u>
　②<u>새가 지붕에 앉으면 새의 속도의 끝이 됩니다 허공은
새가 앉은 지붕이 됩니다</u>
　지붕 밑의 거미가 됩니다 거미줄에 날개 한 쪽만 남은 잠자리가 됩니다
　지붕 밑에 창이 있으면 허공은 창이 있는 집이 됩니다
　방 안에 침대가 있으면 허공은 침대가 됩니다
　침대 위에 남녀가 껴안고 있으면 껴안고 있는 남녀의 입

술이 되고 가슴이 되고 사타구니가 됩니다

여자의 발가락이 되고 발톱이 되고 남자의 발바닥이 됩니다

삐걱이는 침대를 이탈한 나사못이 되고 침대 바퀴에 깔린 꼬불꼬불한 음모가 됩니다

침대 위의 벽에 시계가 있으면 시계가 되고 멈춘 시계의 시간이 ③ <u>되기도 합니다</u>

사람이 죽으면 허공은 ④ <u>사람이 되지 않고 시체가 됩니다</u>

시체가 되어 들어갈 관이 되고 뚜껑이 꽝 닫히는 소리가 되고 땅속이 되고 땅속에 묻혀서는 봉분이 됩니다

인부들이 일손을 털고 돌아가면 허공은 돌아가는 인부가 되어 뿔뿔이 흩어집니다

상주가 봉분을 떠나면 묘지를 떠나는 상주가 됩니다

흩어져 있는 담배꽁초와 페트병과 신문지와 누구의 주머니에서 잘못 나온

구겨진 천 원짜리와 ⑤ <u>부서진 각목과 함께</u> ⑥ <u>비로소 혼자만의 오롯한 봉분이 됩니다</u>

얼마 후 새로 생긴 봉분 앞에서 집으로 돌아가는 길이 달라져 잠시 놀라는 뱀이 됩니다

뱀이 두리번거리며 봉분을 돌아서 돌 틈의 어두운 구멍 속으로 사라지면 ⑦ <u>허공은 어두운 구멍이 됩니다</u>

어두운 구멍 앞에서 ⑧ <u>발을 멈춘</u> 빛이 됩니다

어두운 구멍을 가까운 ⑨ <u>나무 위에서 보고 있는 새가 됩니다</u>

이 시의 기본 문법은

    P이면 Q이다,

이다. 그러나 좀더 꼼꼼히 들여다보면, 약간의 수정을 가해야 함을 알 수 있다. 왜냐하면 여기에서 동사는 존재 동사 '이다'가 아니라 생성동사 '되다'이기 때문이다. 그래서 수정을 한 구문은,

    P이면, Q가 된다,

이다. 그러나 「허공과 구멍」은 그 이상을 말하고 있다. 읽으면 바로 알 수 있듯이, 존재가 출현하면 허공이 그 존재가 된다는 명제를 기본 명제로 하고 있기 때문이다. 따라서 위 구문을 좀더 정확히 쓰면,

    P이면, Q는 P가 된다

가 된다. 이것은 명백히 환유적인 구문이다. 다시 말해, 즉각적인 동일시를 조건절로 억제하고 있다. 그러나 이것뿐만이 아니다. 밑줄 친 대목들은 동일시와는 다른 전환을 보여주는 것들이다. ①은 동일화의 다양성을 가리키고

있다. 그것은 P가 하나인데 동시에 하나가 아닐 수 있다는 것을 보여준다. 한편 ③은 동일화의 임의성을 가리키고 있다. 'Q는 P가 될 수도 있고 P_1이 될 수도 있다'는 것이다. 이 둘은 동일화의 범주 안에 놓여 있기는 하지만 동일화로부터 필연성을 빼앗는다. 본래 동일화의 밑바닥에 도사린 욕망은 상승, 더 나아가 절대성에 대한 욕망이다. 더 나은 존재 혹은 최상의 존재가 되고자 하는 것이 아니라면 다른 존재가 될 까닭이 없는 것이다. 그런데 ①은 존재로부터 존재의 지위를 박탈하며, ③은 허공을 기계적 수용체가 아닌 탄력적 수용체로 설정한다. ④는 사실 기본 구문의 변형이다. 'P이면'이 'P가 -P가 되면'으로 바뀌어져 '-P면, Q는 -P가 된다'가 된 것이다. 그럼에도 불구하고 조건절의 변형은 ①의 경우와 마찬가지로 존재의 지위를 추락시키는 기능을 한다(인간은 언제나 살아 있는 인간인 것이 아니라 죽을 수도 있다. 그때 죽은 인간은 인간이 아니라 시체다). 이 셋은 그러니까 동일화의 범주의 자잘한 혼란을 유발한다. 그 혼란이 ②에서는 급격한 전복의 조짐을 보인다. "새의 속도의 끝이 됩니다"의 주어를 어떻게 두는가에 따라 논리가 달라질 수 있기 때문이다. 자연스럽게 읽자면 '허공'을 주어로 놓을 수 있을 것이다. 그럴 때 ②는 ③과 같은 구문이다. 그러나 시는 묘하게도 '허공'의 술부를 "새가 앉은 지붕이 됩니다"로 한정해놓았다. 이 때문에 독자는 "새의 속도의 끝이 됩니다"의 주어

는 '허공'이 아니라 '새'가 아닐까, 라는 의혹을 품게 된다. 그렇게 읽을 때 구문은,

P이면, P는 Q가 된다

가 된다. 이 구문은 몇 개의 문장을 압축시켜놓은 것이다. 그 몇 개의 문장은,

(1) 새는 새의 속도이다;
(2) 지붕에 앉은 새는 속도를 멈추었다;
(3) 지붕에 앉은 새는 새의 끝이 된다;
(4) 새의 끝은 허공이다,

이다. 그리고 논리의 직렬적 연쇄 속에서,

(5) 허공은 지붕이 된다

가 출현한다. 이 두번째 독법을 통해서 드러난 광경은 동일화가 아니라 이질화이다. 이 이질화는 동일화를 위한 우회로서의 이질화, 즉 하이데거적 의미에서의 귀향을 위한 이향 혹은 '망각'이 아니라, 문자 그대로의 이질화이다. 이 이질화는 일차적으로는 동일화의 실패이지만 그러나 동일화의 성공(은유)에 대비된 실패, 즉 환유가 아니

다. 이것은 존재들 사이의 유사성과 다름의 범주가 사라지고 오직 독립성만이 남는다는 것만을 가리킨다. 그러나 독립성만이 남는다고 해서, 아니 차라리 독립성만이 남은 덕분에, 지향성, '무언가가 되고자 하는 움직임'은 더욱 강화된다. 과연 ⑤에서 시는 뜬금없이 이질적인 사물을 제시한 후(장지에 남겨진 "부서진 각목"은 무엇일까? 무엇을 태우는 데 쓰인 나무가 남은 것일까? 아니면? 이것은 정말 해석의 허공이다), ⑥에서 허공은 "혼자만의 오롯한" 존재가 된다. 여기에서는 조건절이 개입하지 않는다. 문자 그대로의 의미로서. 여기에서의 구문은, 'Q는 P가 된다'가 아니라,

  Q는 R이 된다

이다. 그리고 이어지는 시행들은 '허공'의 다양한 존재됨을 보여주고 있는데, 이것은 ③과 같은 탄력적 동일화의 구문이 아니다. 이 시행들에서 허공(Q)은 '뱀' '어두운 구멍' '발을 멈춘 빛' 그리고 '새'가 된다. 이질화의 연쇄가 일어난 것이다. 그러나 이 이질화는 놀랍게도 지향성을 강화한다. 독자는 방금 제5행에서 최초의 균열이 일어난 이후, 제17행에서 유사성과 다름이라는 동일화의 범주가 무너진 문장이 출현했음을 보았다. 그 문장은 그런데 이질적인 사물과 더불어 이질적인 구문들을 동반한다. 그

것들은 조건절이 아니라 '와'와 '함께'로 연결된 대등절이다. 이 대등 구문들이 무슨 기능을 하는지는 아직 알 수가 없다. 다만 이야기의 내용상 대등 구문에 포함된 존재들이 버려진 것들이라는 것만 알뿐이다. 그렇다면 이 "혼자만의 오롯한 봉분"도 버려진 것인가? 그런 의문을 안은 채 독자는 이어지는 시행들에서 이질화의 연쇄를 본다. 그런데 이 이질적 존재들이 특이하다. '뱀'은 일단 중성적이다. 그러나 '어두운 구멍'은 원래의 구문 형식(P이면, Q가 된다)을 따라서 태어난 것이다. 그런데 이번에는 '사라진 뱀'이 되지 않고 '뱀이 사라진 장소'가 되었다. 이 장소는 일단은 앞의 행들에서라면 동일화가 전제되어야 할 장소에서 동일화의 실패가 일어났음을 가리킨다. 조건절을 동반한 복합 구문들에서는 억제되는 방식으로 전개된 존재의 드러남(동일화)이 대등 구문에서는 존재가 드러나는 방식으로 해체가 일어나는 것이다. 그런데 거기에 붙은 동작들은 이어지면서 또 다른 사건을 연출하고 있다. '어둠 → 어둠 앞에 발을 멈춘 빛 → 어두운 구멍을 가까운 나무 위에서 보고 있는 새'로서 이동하는 과정은 '어둠 그 자체 → 어둠 앞에 빛이 쬐임 → 바라봄'이라는 하나의 실에 꿸 수 있는 연속적 동작으로 읽히는 것이다. 그것은 동일화의 실패에도 불구하고 그 타자가 되어버린 것에 대한 지향성은 강화되고 있는 사태를 보여준다. 그러니까, 대등 구문화는 이질화를 낳고 이질화는 어둠을 낳는데, 어둠을 알고 싶어 하는 궁금증을 더욱 배가하는 것이다. 이 궁금증은 허공의 것이다. 즉 이 절차는 허공에 의지를 부여할 뿐만 아니라 그 의지를 강화한다.

이제 독자는 동사(시간)의 작용을 어느 정도 이해하였다. 그것을 다시 한 번 요약하면 다음과 같다:

(1) 시간의 이동은 존재의 작용이다. 즉, 시간은 존재됨이다;

(2) 존재의 작용은 존재의 이행이다;

(3) 존재의 이행은 드러남의 방식으로 ('어느새') 해체가 일어나기 때문에 지속된다('다시');

(4) 그런데, 이 지속적 존재됨은 존재 결여인 존재의 의지의 지속이다.

이제 「양철 지붕과 봄비」로 돌아가보자. 계기가 아니라 동작인 시간의 존재태에 대해 알아보기 위해 지금까지 우회하였다. 그 우회 속에서 마지막으로 얻은 정보는 존재 결여인 존재의 의지이다. 시간성은 의지의 실행이다. 시간이 존재의 이행이라면 존재의 이행은 주관의 구성이라는 얘기가 된다. 그런데 이 주관은 시의 주관이기도 한가? 「양철 지붕과 봄비」에서 독자는 시간성이 시의 존재를 이루는 광경을 처음 보았다고 했다. 그렇다면 이것은 주관의 구성인가? '빠진 못'과 '빠질 못,' '녹슨 자리'와

'녹슬 준비를 하고 있는 자리,' '퍼질러진 새똥'과 '뭉개진 새똥,' '또닥 또닥 소리를 내고 있는 봄비'와 '소리를 내지 않고 있는 봄비'는 대상(존재)의 현상으로부터 대상의 의지를 보고 있는 듯하다. 그것들은 '발을 멈춘 빛' '보고 있는 새'와 동일하다. 그러나 좀더 자세히 들여다보면 약간의 문제가 있다. "퍼질러진 새똥"과 "뭉개진 새똥" 사이에는 현상으로부터 의지로의 이동이 느껴지지 않는다. 또한 "아침부터 지금까지 또닥 또닥 소리를 내고 있는 봄비"와 "또닥 또닥 소리를 내지 않고 있는 봄비"는 어떻게 된 것일까? 이 마지막 대목은 머리에 떠올리기 힘들다. 물론 "또닥 또닥 소리를 내고 있는 봄비"는 금세 짐작할 수 있다. 하지만 "소리를 내지 않고 있는 봄비"란 대관절 뭐란 말인가?

마지막 문장에 대해서는 두 가지 해석이 가능하다.

첫째, 저 두 봄비 사이에 시간을 넣는 것. 그것은 이 문장을 최초의 문장과 동일한 형식의 문장이 되게끔 한다. 그렇다면 이 시는 가장 보편적인 리듬 형식 'AABA'를 갖는 시가 된다. 리듬은 되풀이를 통해 발생하는 것이며 B의 이탈은 그 되풀이에 긴장을 부여하는 기능을 한다. 둘째, 두 봄비 사이에 공간적 거리를 넣는 것. 소리를 내는 봄비와 소리를 내지 않는 봄비는 공간적으로 다른 장소에 내리는 비라는 것이다. 그런데 이것은 느낌이 잘 오지 않는다. 왜냐하면 비는 편재적인 것이라서 모든 공간에 공평하게 내리는 것이고 그 공평성에 근거해서 소리 역시 편재적이라고 생각하기 십상이기 때문이다. 그러나 '또닥 또닥' 소리를 내는 비는 양철 지붕 위에 내리는 것만이 가능하다. 다른 곳에 내리는 것은 소리를 내더라도 다른 소리를 낼 것이다. 그런데 이 비는 '봄비'이다. 봄비에 대한 의성어는 사전에 나타나지 않는다. 봄비에 대한 한정어로는 '솔솔'이 유일한데 그것은 소리가 아니라 모양을 가리킨다. 실로 봄비는 소리 없이 내리는 비이다. 그렇다면 이 마지막 문장은 어색한 문장이 아니다. 그런데도 이 구절로부터 느낌이 오지 않는다면 그것은 이 구절에 개연성이 없어서가 아니라 실감을 느낄 수가 없기 때문이다. 이 "또닥 또닥 소리를 내지 않고 있는 봄비"를 흙 마당에 내리는 비라고 생각해보자. 그것이 거기에 내린다고 해서 무슨 의미가 있단 말인가? 양철 지붕 위에 내리는 봄비와 뜰 위로 내리는 봄비 사이에 무슨 특별한 사건이 있단 말인가? 그것은 "반쯤 빠진 못과 반쯤 빠질 작정을 하고 있는 못 사이"가 유발하는 아슬아슬한 느낌은커녕 어떤 느낌도 주지 않는 것이다. 그러나 만일 그 뜰에 시인이 있는 광경을 그려본다면?

그렇다. 보이지 않는 데 살아 있는 무언가가 있는 것이다. 즉 풍경 속에서는 보이지 않는데 시 안에서는 보이는 무언가가 있다. 그것은 바로 언어이고 언어의 실행자인 시인이다. 풍경은 풍경을 바라보는 자를 통해서만 나타나는 것이다. 묘사를 실행하는 언어의 장소에는 묘사자의 존재가 어른거리고 있는 것이고, 그 존재의 움직임이 느껴지지 않는다면 그 풍경은 한갓 장식에 지나지 않는 것이다. 양철 지붕 위의 '못'과 '녹'과 '새똥'과 '봄비'를 한눈에 보는 자는 어디에 있는 것일까? 아마도 뜰에 있을 것이다. 아니면 지붕에 올랐거나. 낮은 양철 지붕이라면 전자일 터이고 높은 양철 지붕이라면 후자일 것이다. 그러나 한국의 시골집의 양철 지붕은 대체로 낮은 양철 지붕이다. 그것은 "또닥 또닥 소리를 내지 않고 있는 봄비"의 자리에 풍경을 바라보는 자(시인)가 있다는 것을 가리키고, 그리고 바로 이어서 시인이 시방 봄비에 젖고 있다는 것을 가리킨다(소리가 없는 것으로 미루어 보면 시인은 우산을 쓰고 있지 않다). 그러니까 시인은 지금 풍경을 묘사하고 있는 것만이 아니다. 시인은 풍경 속에 참여하는 방식으로 풍경을 묘사한다. 양철 지붕 위에서 빠지려는 못과 녹슬려고 작정하고 있는 자리와 또닥 또닥 소리를 내는 봄비는 시인이 봄비에 젖을 때에야 실감나게 제 모습을 드러낸다. 주관의 구성적 참여가 없으면 풍경은 드러나지 않는다.

드디어 독자는 존재의 드러남에 주관이 가담하는 광경을 보고야 만 것이다. 풍경의 완성에 시선이 참여하는 광경을. 시의 무대에 언어가 구성적으로 개입하는 방식을. 여기까지 와서 독자는 이 시가 밋밋한 말장난이기는커녕 풍경의 이행 자체라는 것을 알아차린다. 또한 그 시가 처음에 밋밋한 모습으로 눈에 띈 것은 독자의 안목이 낮아서라기보다는 그것이 필연적이기 때문임도 알아차린다. 왜냐하면 지금까지의 분석을 통해서 독자는 오규원의 후기시가 드러내는 존재가 광채 나는 존재가 아니라 아무것도 아닌 존재들임을 알았기 때문이다. 그 존재가 아무것도 아닌 존재라는 것은 「그림과 나 1」「사람과 집」「타일과 달빛」 같은 평범한 이름들 사이의 이행을 무차별적으로 열거하고 있는 시에서 더욱 분명하게 나타난다. 그런데 오규원의 시가 그 다음에 보여주는 것은 아무것도 아닌 존재들만이 존재의 이행이 가능하다는 놀라운 사실이다. 이 진술에 '놀랍다'는 관계절을 붙인 것은, 그 발견이 지금까지의 오규원 후기시에 대한 통념을 뒤집고 있기 때문이다. 그리고 이어서 독자는 그 존재의 이행이 시간의 근본적 성질이고 그 시간성은 주관의 구성적 참여에 다름 아니라는 것을 알게 되었다.

한 가지 사실이 더 추가되어야 할 것 같다. 독자는 「양철 지붕과 봄비」의 마지막 문장에서 두 가지 해석이 동시에 가능함을 보았다. 그런데 이 이중적 독서의 가능성은 오규원 시의 특별한 사실인 것처럼 보인다. 왜냐하면 독자는 서시인 「호수와 나무」에서도 그것을 보았기 때문이다. 「허공과 구멍」은 어떠한가? 이 시가 이질화를 향해 간 길은 이미 충분히 보았다. 그런데 이 이질화의 연쇄의 마지막 시행은 "어두운 구멍을 가까운 나무 위에서 보고 있는 새가 됩니다"이다. 문득 독자는 이 시가 첫 머리에 이어지는 것을 본다. 「허공과 구멍」의 전체 윤곽은

　　…… 허공은 나무가 됩니다
　　…… 허공은 새가 앉은 나무가 됩니다
　　………………………………………
　　…………………… 허공은… 구멍이 됩니다
　　…………………… 나무〔에 앉은〕 새가 됩니다

이다. 약간 어긋나는 방식으로 수미쌍관의 틀을 이룬 것이다. 이 시의 주체를 시간성 자체라고 본다면 이 시간성이 연출하는 것은 동일화의 유보적 전개로부터 이질화의 연쇄로의 이탈적 이행이다. 그런데 그 이행이 그린 전체적인 궤적은 원점으로의 귀환이다. 다만 두 가지 다른 특징이 있다. 하나는 약간 어긋나는 방식으로 귀환한다는 것이다. 그것의 기능을 알기란 어렵지 않다. 약간 어긋나는 것은 동적 긴장을 발동시키는 것이다. 이 시의 시간성에서 주체의 의지가 강화된 것과 마찬가지로 전체 윤곽의 귀환적 구조에도 동적 긴장이 일고 있다. 평범한 이름들의 나열 위로 "일렁이는 공기"(「그림과 나 1」)처럼.

여기까지 온 독자는 이 시집의 전체 시편이 두 개의 존재를 이어 붙인 대등 구문으로 이루어졌다는 사실을 깨닫는다. '하늘과 침묵' '골목과 아이' '사진과 나' …… 이것

들은 얼핏 이질적인 두 요소의 결합처럼 보이지만 실은 약간 어긋나는 방식으로 상응하는 것이 아닐까? 어쨌든 이중 해석의 가능성은 이제 이중 구조로 바뀌어 이해된다. 그 이중 구조는 편재적이다. 그것은 시 전체에서도 작동하며 시의 특정한 부분에서도 작동한다. 아마 시집 전체에서도 작동할 것이다. 시집은 '나무와 돌' '강과 나' '뜰과 귀' '사람과 집'이라는 네 장(章)으로 이루어져 있는데 순차적으로 이질화의 연쇄가 일어나고 있다. 장의 제목들을 추상화시키면, '자연1과 자연2' → '자연과 인간' → '인간의 외적 장소와 인간의 내적 일부' → '인간과 인간의 내적 장소'라고 할 수 있기 때문이다. 이질화는 시편들의 배열에서도 보인다. 「호수와 나무」 → 「나무와 돌」, 혹은 「허공과 구멍」 → 「하늘과 침묵」, 이런 식이다. 그런데 전체적으로는 첫 장인 '나무와 돌'과 마지막 장 '사람과 집'은 자연과 인간으로 서로 대응하고 있다. 각 장에 속한 첫 시와 마지막 시도 대응하거나 귀일한다. 물론 약간 어긋나는 방식으로. 가령 첫 장의 「호수와 나무」와 「그림과 나」가 대응하고 있다면, 두번째 장의 「하늘과 두께」와 「도로와 하늘」은 상응한다. 세번째 장의 「유리창과 빗방울」과 「돌멩이와 편지」에서 대응과 귀일의 동시성을 느낄 수 있는 독자는 적지 않을 것이다. 마지막 장의 「편지지와 편지봉투」와 「집과 소식」은 어떠한가? (그러나 시집 전체, 즉 모든 시편들의 구성에 대한 정밀한 분석은 차후로 미루기로 하자.)

그렇다면 이 시집의 이중 구조는 우연한 것이 아니다. 그런데 이것은 문자 그대로 읽힐 필요가 있다. 이중 구조는 다중 구조가 아니라는 것이다. 그렇다는 것은 이 이중 구조가 확산의 방식이 아니라, 분명 상호 대응 및 상응의 방식으로 구축되었다는 것을 뜻한다. 이질화의 전개를 원환적 자장이 감싸고 있는 것이다. 다시 한 번 인용하자면, "일렁이는 공기"처럼. 그렇다면 얼핏 절단된 것처럼 보이는 시들도 실은 그 원형적 자장에 감싸여 있는 게 아닐까? 「양철 지붕과 봄비」처럼 체언만 있고 용언은 없는 시를 두고 던지는 질문이다. 독자는 이미 이 시에서 보이지 않지만 살아 있는 존재가 겹을 대고 있음을 보았다. 마찬가지로 이 체언만 있는 시에 용언은 체언 안에 가두어져 있는 것이 아닌가? 체언이 문자 그대로 딱딱한 사물로 거기에 있는 것이 아니라, 이미 동작을 실행하는 양태로 거기에서 무언가가 되어가고 있는 것이다. 그러니 체언은 용언을 자신의 "몸 안으로 집어넣"(「나무와 돌」)고 있는 것이라고 할밖에.

이 원환적 자장을 곧바로 동일화라고 말할 수는 없다. 그러나 그것이 동일화를 향한 움직임이라고는 말할 수 있다. 그것은 결국 존재의 드러남이 의미의 생산을 꿈꾸고 있다는 것을 가리킨다. 비유의 거부는 은유의 꿈을 먹고 사는 것이다(아무래도 독자는 '환유적 태도'라는 용어 자체를 폐기하고 싶어하는 것 같다). 그러나 이미 보았듯이 존재의 드러남이 즉각적인 의미의 현현이 될 수가 없다면, 다시 말해 비유의 거부가 상징의 달성이라는 자가당착에 빠져서는 안 되는 것이라면 거기에 뭔가 다른 일들이 또 있어야 할 것 같다. '약간 어긋나는 방식'으로는 동적 긴장일 뿐만 아니라 동일화의 궁극적인 유예로서 기능한다. 그것도 다른 일 중의 하나인데 그것은 아무것도 아닌 존재가 무엇이 되려고 할 때는 필연적인 현상이다. 그 유예가 동작에 계속 힘을 불어넣기 때문이다. 그런데 또 다른 일이 있다. 그것이 바로 저 이중 구조에 붙은 또 다른 두 번째 특성인데, 원환적 자장 안에서 지위의 교대가 일어나고 있다는 것이다. "새가 앉은 나무가 됩니다"가 "나무에 앉은 새가 됩니다"로 바뀐다는 것이다. 허공과 구멍 사이에도 같은 교대가 일어난다. 궁극적으로 이 교대는 대상과 주관의 교대이다. 그것은,

 대상의 의지화(사물이 그 자체로 지향성의 존재라는 것)와
 주관의 존재수용체화

라는 최초의 이중적 사건을 통해 대상과 주관의 전도가 일어난 다음에,

 존재의 의미 결여와
 주관의 의지화

라는 이차적 전도에 의해 대상과 주관이 모두 의지를 가진 존재 결여의 존재로 환원된 뒤에 두 존재에게 심어진 호환성의 결과이다. 하지만 그것은, 존재 결여의 궁극적 존재 형식이 시간성이라면, 그 시간성 자체가 무차별적 무한변전에 휩쓸리지 않고 의지의 지속과 통일을 갖추기 위해 필연적으로 요청되는 사건이기도 하다. 그 지위 전환은 상대에 대한 존중을 전제로 하기 때문이다. 그 존중이 없을 때 그래서 시간의 계기들이 타자들을 자기만을 복제하는 방식으로 끌어들일 때 그 시간성의 무한변전은 말 그대로 타성적 계열체들의 악무한으로 전락할 것이다. 독자는 이제 저 존재의 은폐된 욕망, 즉 은유 혹은 상징에의 꿈이 은폐된 덕분에 다시 말해 억제된 덕분에, 우리 삶에 남기는 것을 짐작할 수 있게 된다. 그것은 바로 이질화의 연쇄를 원환적 자장 안에 가두는 상호성, 즉 독자가 언젠가 썼던 명칭을 다시 꺼내자면, '사랑의 상대성 원리'이다. 그 상호성에 의할 것 같으면 존재는 상대에 대한 매혹이 아니라 존중을 통해 자신을 완성한다. 자신을 완성함으로써 대상을 드높인다. 그리고 그것은 시 읽기에 대해서도 똑같이 적용된다. 오규원의 후기시에서 존재의 광채는 미리 드러나지 않는다. 그 광채는 영원히 지연되는 방식으로 불현듯이 드러난다. 드러나되,

> 지나가던 새 한 마리가
> 집에 눌려 손톱만하게 된 나를
> 빤히 쳐다보다 ──「그림과 나 2」 부분

갈 뿐이다. 이 새를

> 며칠 동안 멧새가 긴 개나리
> 울타리 밑을 기고 깝죽새와
> 휘파람새가 어린 라일락 가지와
> 가지를 옮겨다니더니
> 오늘은 새들이 하늘을 살며
> 뜰을 비워놓았다
> ──「빈자리」 부분, 『토마토는 붉다 아니 달콤하다』

의 새와 비교해보면 이 시집에 와서 시인이 얼마나 더 철저해졌는지, 다시 말해 얼마나 더 철저히 존재의 이행 자체를 겪고 있는지를 느낄 수가 있을 것이다. 빈자리에 남는 것은 빈자리를 즐길 독자의 오랜 음미이다. 그 음미가 아주 오래 진행되었을 때 그 빈자리가 통째로 한 마리 새로 날아오르겠지만 그날은 결코 오지 않을 것이다. 어쩌면 타액이 홍수가 되어 지층이 붕괴될지도 모른다. 여기는 돈오점수(頓悟漸修)의 세계가 아니라, 돈오돈수(頓悟頓修)의 세계다. 깨달음은 전면적으로 오겠지만 그렇기 때문에 결코 오지 않을 것이다. 같은 맥락에서, 현상학적 환원이 주관의 전개를 허용하는 것이 아니다. 주관의 전개가 현상학적 환원이다.

3

독자가 새 시집의 문지방 너머로 나머지 한 발을 마저 옮겨 놓는 순간, 독자는 몽상에서 깨어난다. 아직 백일몽의 몽롱함에 빠진 채로 독자는 '어느새'가 '어느 새'로 돌변하는 순간적인 환각에 빠진다. 그게 아니다. 어느새 여기까지 걸어왔으니 또한 다시 걸어가야겠다. 그러나 이제는 기운도 떨어지고 주머니도 해졌다. 쇠가 없으니 자꾸 헛것이 뵌다. 흙을 잎새는 아득히 늘어서 있지만 오늘은 여기까지다. 내가 찾아온 길이 방향이 맞았다면 내가 머문 자리에서 먹거리와 통행세를 소지한 다른 독자들이 바통을 교환할 수 있으리라. 다만 독자는 여기 주저앉은 채로, 처음 꺼내 놓았다가 여직 대답하지 않은 질문을, 남은 주먹밥처럼 우적거린다. 혹시라도 그걸로 이정표를 세우게 될 수나 있지 않을까 헛된 기대를 하면서.

그것은 오규원의 옛 시와 후기시 사이의 관계를 말한다. 시인의 변모가 매우 명시적이어서 해석자들은 그 사이에 단절의 빗금 긋기를 좋아했다. 그러나 그 빗금은 어디에

위치해야 하는 것일까? 이런 물음을 던지는 것은, 만일 오규원의 후기시를 환유적 태도라고 명명한다면, 그런 태도는 사실 오규원의 시에서 아주 오래전부터 시작되었기 때문이다. 김용직의 '해사적 경향'이나 김준오의 '아이러니' 그리고 독자가 언젠가 참 투박하게도 명명했던 '안에서 안을 부수는 공간'(하지만 독자는 얼마 전 『르 몽드』지의 기자가 케르테스의 소설에 대해 똑같은 명칭을 쓰는 걸 읽고는 혼자 즐거워한다)은 오규원의 초기시부터 이미 있었던 것이다. 만일 '날이미지'라는 이름으로 빗금을 90년도 전후해서 긋는다면 아이러니와 날이미지 사이에 놓인 근본적인 변별성이 밝혀져야 하리라. 거기에 잠정적으로 객관 세계의 해체와 객관 세계의 내면적 경험이라는 빗금을 놓기로 한다. 만일 은유적 태도와 환유적 태도 사이에 빗금을 그어야 한다면 그것은 오규원 시의 시원기, 그러니까 그가 김춘수의 초기시의 경우처럼 절대 관념을 탐구하던 아주 짧은 시기와 그 이후 사이에 그어져야 하리라. 그 점은 시인 자신의 설명에서도 확인된다. 이광호와의 대담(「언어 탐구의 궤적」)에서 시인은 자신의 결정적인 변화가 「용산에서」(『왕자가 아닌 한 아이에게』)에서부터 시작되었는데, 자신이 빠져나온 세계는 「김씨의 마을」(『순례』)의 세계였다고 밝히고 있다. 그리고 날이미지의 세계는 그 이후의 지속적인 탐구의 연장선상에 놓여 있다고 말하고 있다. 이창기와의 대담에서도(이 대담은 『오규원 깊이 읽기』중「날이미지의 시―되돌아보기 또는 몇 개의 인용 2」에 인용되어 있다), 시인은 날이미지의 시들을 역시 초창기에 씌어진「현상 실험」(『분명한 사건』)의 유명한 구절들과 대조하고 있다. 그렇다면 빗금은 아주 일찍 그어진다.

   그런데 빗금을 그렇게 일찍 그을 때 다른 방향에서 한 가지 질문이 불쑥 솟아오른다. 오규원 초기시의 절대 관념에 대한 탐구는 한국시사에 있어서 아주 희귀한 일이었다. 그 이전에 김춘수의 탐구가 있었는데 오규원의 탐구는 김춘수의 그것보다 더 근본적이었다. 더 근본적이었다는 것은 김춘수의 탐구가 감성에 침윤되어 있었던 데 비해, 오규원에게는 그런 간섭물이 없었다는 뜻이다. 그런데 김춘수도 오규원도 그 길을 곧 버린다. 김춘수의 경우는 그 원인이 모호한데, 오규원은 "자본주의 현장"이 원인이었음을 밝히고 있다. 절대관념의 탐구를 버리고 김춘수가 간 길과 오규원이 간 길은 물론 다르다. 그 점에 대해서는 이미 시인이 해명을 한 바가 있고 이남호를 비롯한 몇몇 평론가도 그 다름을 밝히려고 한 적이 있다. 이 자리에서는 상론을 피하겠지만, 오규원이 나아간 길이 절대관념의 추구라는 애초의 꿈을 버렸는가에 대해서는 독자의 생각은 부정적이다. 다만 그 길이 멀리 돌아가는 길이 되었을 뿐이라고 생각한다. 물론 절대관념의 추구와 절대관념의 재현은 아주 다른 얘기이니 다른 독자들께서는 혼동하지 마시기를 빈다. 독자는 그렇게 봐야만 이번 시집에서도 여전히 강력하게 작용하고 있는 은유의 꿈을 이해할 수 있다고 생각한다. 그가 매우 치밀한 논객이라는 사실도 그와 관련이 있다고 생각한다. 그에게 절대관념이 일종의 강박관념이라는 것은 후기에 씌어진 「빈 컵」(『사랑의 감옥』)에도 잘 나타나 있다. 독자는 이 부분이 같은 4·19 세대 시인 중에서, 특히 언어에 목숨을 걸었던 그 비슷한 시인들 중에서도, 오규원의 변별성을 표지하는 균열의 지점이라고 생각한다. 이에 대해서는 훗날 톺아볼 기회가 있으리라. 희귀한 것은 소중한 것이기 때문이다.